LA CHANSON DE ROLAND

I

Laisses 1 à 159

TEXTE INTÉGRAL

en français moderne, accompagné de nombreux passages du texte original,
pourvus d'un commentaire philologique et grammatical,
avec une Notice historique et littéraire, un Lexique,
une Documentation thématique, des Notes explicatives et un Questionnaire

par

GUILLAUME PICOT

Agrégé de l'Université

LIBRAIRIE LAROUSSE

17, rue du Montparnasse, et boulevard Raspail, 114

Succursale : 58, rue des Écoles (Sorbonne)

LA CHANSON DE ROLAND

(fin du XIe siècle — début du XIIe siècle)

NOTICE

CE QUI SE PASSAIT A L'ÉPOQUE
OÙ FUT COMPOSÉE *LA CHANSON DE ROLAND*

■ *EN FRANCE.* Règne de Philippe Ier (1060-1108). Son inconduite le fait excommunier par le pape. Il lutte sans succès contre les féodaux, en particulier contre le duc de Normandie, devenu roi d'Angleterre. — 1060 : Conquête de l'Italie méridionale par les Normands de Robert Guiscard. — 1064 : Croisade des chevaliers normands, bourguignons et provençaux au secours de l'Aragon attaqué par les Sarrasins. — 1066 : Conquête de l'Angleterre par le duc de Normandie, Guillaume le Conquérant. Bataille d'Hastings. — 1078 : Expédition de Hugues Ier, duc de Bourgogne, au Portugal. — 1072-1085 : Victoires d'Alphonse VI de Castille sur les Sarrasins. Attaque de l'Espagne par les Almoravides, venus d'Afrique. — 1073-1085 : Pontificat de Grégoire VII. Querelle des Investitures. — 1087 : Croisade des chevaliers français, bourguignons, languedociens, etc., en Espagne. Siège de Tudèle. Exploits de Rodrigue Diaz de Bivar, le Cid. — 1095 : Le pape Urbain II prêche la croisade en Terre sainte au concile de Clermont. — 1099 : Prise de Jérusalem par les croisés. — 1108-1137 : En France, règne de Louis VI. Lutte contre les féodaux, en particulier contre Thibaud IV, comte de Champagne et de Blois, et contre Henri Ier Beauclerc, roi d'Angleterre et duc de Normandie. — 1125 : Louis VI, aidé des barons du royaume de France, fait reculer l'empereur Henri V qui voulait envahir la France.

■ *DANS LES LETTRES ET DANS LES ARTS.* — 1060 : Naissance de Guillaume de Champeaux, philosophe scolastique et fondateur de l'école de Saint-Victor ; il meurt en 1121. — 1060 : Début de l'architecture romane ; ses principaux chefs-d'œuvre sont édifiés de 1060 à 1150 : construction des églises abbatiales de Cluny (vers 1089), de Vézelay (début du XIIe siècle), d'Autun, de La Charité-sur-Loire, de Saint-Front de Périgueux, de Saint-Sernin de Toulouse, de Notre-Dame-la-Grande à Poitiers, etc. Au début du XIIe siècle, suite de sculptures représentant la Légende de Roland sur la façade de Notre-Dame-de-la-Règle à Limoges. — 1114 : Fondation de l'abbaye de Clairvaux par saint Bernard.

DÉCOUVERTE DU TEXTE

La légende de Roland fut divulguée par de nombreuses œuvres au cours du Moyen Age et se transmit ainsi à travers la Renaissance jusqu'au XIXe siècle. Mais le poème le plus ancien sur ce sujet ne

© *Librairie Larousse*, 1972.   ISBN 2-03-034185-1

fut découvert qu'à l'époque romantique, au moment où la curiosité des écrivains et des érudits s'intéressait de plus en plus à la civilisation médiévale.

En 1832, Henri Monin publie le *Roman de Roncevaux*, d'après un manuscrit découvert par lui dans la Bibliothèque du roi; Saint-Marc Girardin, dans le *Journal des débats*, insiste sur l'importance de cette découverte et encourage les chercheurs à poursuivre dans cette voie. En 1837, Francisque Michel publie un texte dont l'existence avait déjà été signalée par l'Anglais Thomas Tyrwhitt dans ses *Canterbury Tales of Chaucer* (1772-1778), sans qu'on y attache alors de l'importance : c'est le texte du manuscrit d'Oxford (manuscrit O, n° 1624, du fonds Digby de la bibliothèque Bodléienne), auquel son éditeur donne le titre de *la Chanson de Roland*. Composée de 4 002 vers, divisés en 291 laisses assonancées, la *Chanson* apparaissait comme la plus ancienne et la plus belle des œuvres consacrées à la bataille de Roncevaux.

On découvrit ensuite d'autres manuscrits, tous plus récents que le texte d'Oxford, et comportant des versions de la *Chanson* assez différentes. Il existe une autre version assonancée, celle de Venise (dite V 4 : manuscrit IV du fonds français de la bibliothèque Saint-Marc à Venise) : elle remonte au XIIIe siècle. Elle ne s'écarte presque pas de la version primitive jusqu'au vers 3682; à partir de là, le manuscrit relate la prise de Narbonne par Aimeri. Il contient de nombreux italianismes.

La version rimée est celle de deux groupes de manuscrits : le premier groupe comprend le manuscrit de la bibliothèque de Châteauroux, provenant de la bibliothèque personnelle de Louis XVI à Versailles (manuscrit C), et le manuscrit VII du fonds français de la bibliothèque Saint-Marc à Venise (manuscrit V 7). Le second groupe comprend le manuscrit du fonds français de la Bibliothèque nationale (manuscrit P), le manuscrit 984 de la bibliothèque de la Ville de Lyon (manuscrit L) et un manuscrit de la bibliothèque du Trinity College à Cambridge (manuscrit T).

ANALYSE DE *LA CHANSON DE ROLAND*

Le poème est construit selon un plan net, une logique rigoureuse. Aucun détail n'en peut être distrait sans nuire à l'ensemble. C'est avant la lettre un chef-d'œuvre classique. On peut le diviser en quatre parties qui s'enchaînent exactement. Chacune d'elles est construite avec précision; de cette précision, l'auteur tire des effets de symétrie et de contraste.

I. — La Trahison (laisses 1-79, vers 1-1016).

Charlemagne est depuis sept ans en Espagne, où il fait la guerre aux païens. Il a conquis l'ensemble du pays, sauf Saragosse, où règne encore le chef des païens, le roi Marsile (laisse I, vers 1-9).

Là, dans un verger, Marsile préside l'assemblée des ducs et des comtes. La guerre l'épuise et épuise ses ressources. Comment y mettre un terme ? Dans le silence général, Blancandrin, le traître, parle : peut-être des promesses apparemment sérieuses pourraient-elles être faites à Charlemagne ; celui-ci partirait. Après son départ, aucun compte ne serait tenu desdites promesses (laisses 2-4, vers 10-61). Marsile compose une ambassade de dix seigneurs, dont Blancandrin prend la tête. Ils portent des rameaux d'olivier et toutes sortes de présents ; le pittoresque cortège se met en route (laisses 5-7, vers 62-95). L'ambassade atteint Charlemagne devant Cordres. L'assemblée des Français est exactement le pendant de celle des païens : la recherche de symétrie est évidente (laisse 8, vers 96-121). Blancandrin expose sa mission à Charlemagne ; celui-ci répond avec prudence, décide de tenir un conseil et accorde aux envoyés une large hospitalité (laisses 9-11, vers 122-167). Le lendemain a lieu le conseil de l'empereur ; le débat est dramatique : Roland conseille le refus ; il n'a pas confiance. Ganelon se lève et plaide pour la paix : discours vif, à la conclusion offensante à l'égard de Roland ; le sage Naimes soutient, mais avec modération, les vues de Ganelon. Reste à désigner l'ambassadeur de la paix : la mission est périlleuse ; aussi chacun se propose. Finalement, sur la suggestion de Roland, Charlemagne désigne Ganelon, le promoteur de la politique de conciliation. Ganelon, furieux moins par lâcheté que par orgueil d'être ainsi désigné par son *fillâtre* (« beau-fils »), ne cède que sur l'ordre de l'empereur (laisses 12-26, vers 168-341). Ganelon et Blancandrin cheminent donc et devisent, Blancandrin insidieux, Ganelon d'abord réservé, puis méditant sa vengeance de plus en plus ouvertement contre Roland, qu'il représente comme seul obstacle à la paix ; quand les deux hommes sont arrivés auprès de Marsile, ils ont juré la perte de Roland (laisses 27-31, vers 342-413). Devant Marsile, Ganelon cherche à produire une impression de terreur : il ajoute posément les provocations les unes aux autres, puis remet le message ; cela amène un conciliabule Marsile-Blancandrin et, finalement, une entrevue à trois (Marsile, Blancandrin, Ganelon), où s'ourdit la trahison (laisses 32-53, vers 414-668). De retour auprès de Charlemagne, Ganelon tient parole, affirme que les conditions sont acceptées, fait désigner Roland au commandement de l'arrière-garde ; Roland relève le défi. L'empereur retourne en France (laisses 54-68, vers 669-860). Les Sarrasins se préparent à attaquer l'arrière-garde (laisses 69-79, vers 861-1016).

II. — La bataille (laisses 80-176 ; vers 1017-2396).

Les Sarrasins attaquent. Dialogue dramatique entre Olivier, clair-voyant, qui adjure Roland de sonner l'olifant, et Roland, qu'une folle bravoure et un souci dément de gloire retiennent : « Roland est preux et Olivier est sage » (laisses 80-87, vers 1017-1109). Avant le choc, Roland, l'archevêque Turpin et Olivier prononcent chacun une harangue où se reflètent les trois caractères (laisses 88-92, vers 1110-1187). Provocations et combats singuliers (laisses 93-108, vers 1188-1395). La bataille devient « merveilleuse et pesante ». Une série de présages (tourmente, grêle, foudre, nuit soudaine) associe toute la « douce France » au malheur qui vient. Les guerriers se sentent perdus (laisses 109-115, vers 1396-1525). Le martyre des douze pairs de France commence. Roland sonne l'olifant; Charlemagne répond et rebrousse chemin, non sans s'être assuré de Ganelon (laisses 116-139, vers 1526-1850). La bataille continue cependant : Olivier est tué (laisses 140-151, vers 1851-2034). Turpin, blessé à mort, et Roland soutiennent un dernier assaut des Sarrasins, qui entendent au loin les clairons de Charlemagne et abandonnent le terrain (laisses 140-161, vers 2035-2163). Roland, la tempe fendue par l'effort qu'il a fait en sonnant du cor, range aux pieds de Turpin les cadavres des pairs. Mort de Turpin (laisses 162-167, vers 2164-2258). Mort de Roland (laisses 168-176, vers 2259-2396).

III. — Le châtiment des païens (laisses 177-266, vers 2397-3674).

Charlemagne arrive trop tard! Mais un ange l'avertit qu'il peut entreprendre la poursuite des païens : pour lui, la clarté du jour va durer encore. Destruction de l'armée sarrasine (laisses 177-180, vers 2397-2475). Charlemagne, épuisé, s'endort, avec à son côté l'ange Gabriel : deux songes prophétiques lui annoncent les luttes qui se préparent (laisses 181-186, vers 2476-2569). Le roi Marsile s'enfuit à Saragosse. Il obtient le secours de l'émir de Babylone, Baligant : celui-ci lance sur la mer toutes ses armées (laisses 187-189, vers 2570-2629). Il envoie en même temps une ambassade à Marsile, conduite par Clarien (laisses 190-198, vers 2630-2764). Dès le retour de Clarien, la poursuite sarrasine commence (laisses 199-202, vers 2765-2844).

Cependant, Charlemagne va reconnaître le champ de bataille de Roncevaux et rend honneur aux dépouilles des guerriers (laisses 203-213, vers 2845-2973). Brusquement surgissent les premiers éléments sarrasins : Charlemagne range dix corps de bataille et court sus à l'ennemi (laisses 214-227, vers 2974-3136). Même mouvement du côté sarrasin : seulement, les corps de bataille sont beaucoup plus nombreux et infiniment pittoresques; les chefs portent des noms exotiques terrifiants (laisses 228-237, vers 3137-3304). La bataille est terrible et lourde à soutenir; elle s'achève sur une victoire en combat singulier de Charlemagne sur Baligant, victoire due à l'intervention de l'ange Gabriel : les païens sont alors poursuivis jusqu'à Saragosse. La reine Bramimonde remet les clefs à Charlemagne, qui l'emmène captive à Aix-la-Chapelle (laisses 238-266, vers 3305-3674).

IV. — **Le châtiment de Ganelon** (laisses 267-291, vers 3675-4002).

Retour triomphal de l'empereur par Narbonne, Bordeaux, où, sur l'autel de Saint-Seurin, on dépose l'olifant, et Blaye, où, dans de blancs cercueils de marbre, en l'église Saint-Romain, on dépose les dépouilles de Roland, d'Olivier et de Turpin (laisse 267, vers 3675-3704). A Aix, la première personne que rencontre Charlemagne, c'est Aude, la fiancée de Roland : la fatale nouvelle la tue (laisses 268-269, vers 3705-3733). Tous les juges de l'Empire jugent maintenant Ganelon, sous la présidence de Charlemagne : celui-ci formule son accusation. Ganelon répond ; il est défendu par trente de ses parents, et l'un d'eux, Pinabel, est délégué pour prendre la parole (laisses 270-274, vers 3734-3792). Tous les barons, sauf Thierry, sont d'accord pour un acquittement ; alors a lieu le « jugement de Dieu », c'est-à-dire un combat singulier entre Pinabel et Thierry ; celui-ci tue Pinabel (laisses 275-286, vers 3793-3933). Tous les otages de Pinabel sont pendus et Ganelon, écartelé (laisses 287-289, vers 3934-3974). La reine Bramimonde, toujours prisonnière, est baptisée dans les bains d'Aix ; on lui trouve pour nom Julienne (laisse 290, vers 3975-3987). Charlemagne s'endort ; alors saint Gabriel lui apparaît. Il lui propose une nouvelle mission : aller secourir Vivien, en la cité d'Imphe, en terre de Bire (laisse 291, vers 3988-4002).

LES FAITS

En 778, Charlemagne était intervenu en Espagne à l'appel de Sulayman Ben Al-Arabi, gouverneur de Saragosse en révolte contre l'émir de Cordoue : il avait franchi la Catalogne et s'était emparé de Gérone ; par le pays basque, il avait envahi la Navarre et pris Pampelune. En Espagne même, les deux armées avaient opéré leur jonction sous les murs de Saragosse, mais, contrairement aux prévisions de Charlemagne, les portes de la ville ne s'ouvrirent pas devant lui, et le siège de Saragosse fut un échec. Charlemagne est obligé de se retirer, en raison d'un soulèvement des Saxons ; il revient par Pampelune ; le 15 août, un maquis basque assaille et détruit son arrière-garde (*Annales royales*, contemporaines de Charlemagne). Voici un premier texte, composé une vingtaine d'années environ après la mort de Charlemagne et qui relate l'événement : il est tiré de la *Vie de Charlemagne*, ouvrage dû à Eginhard et composé en latin :

Cum enim adsiduo ac paene continuo cum Saxonibus bello certaretur, dispositis per congrua confiniurum loca praesidiis, Hispaniam quam maximo poterat belli apparatu adgreditur ; saltuque Pyrenei superato, omnibus quae adierat oppidis atque castellis in dedtionem acceptis salvo et incolumi exercitu revertitur, praeter quod in ipso Pyrenei jugo Wasconicam perfidiam parumper in redeundo contigit experiri. Nam cum agmine longo, ut loci et angustiarum situs permittebat, porrectus iret exercitus, Wascones, in summi montis vertice positis insidiis [...] extremam impedimentorum partem et eos qui, novissimi agminis incedentes subsidio, praecedentes tuebantur, desuper incursantes in subjectam vallem dejiciunt, consertoque cum eis praelio, usque ad unum omnes interficiunt ac, direptis impedimentis, noctis beneficio quae jam instabat protecti, summa cum celeritate in diversa disperguntur. Adjuvabat in hoc facto Wascones et levitas armorum et loci in quo res gerebatur situs; econtra Francos et armorum gravitas et, loci iniquitas per omnia Wasconibus reddidit impares. In quo praelio Eggihardus regiae mensae prepositus, Anshelmus comes palatii et Hruolandus Britannici limitis praefectus cum aliis compluribus interficiuntur.

(*Vita Karoli*, tome 1er, chap. IX.)

En voici la traduction :

« La lutte contre les Saxons étant continuelle et presque ininterrompue, des garnisons ayant été installées en des points convenables de la région frontalière, il attaque l'Espagne avec le plus de forces possible ; et, ayant franchi les gorges des Pyrénées, ayant fait capituler toutes les places fortes et les ouvrages sur lesquels il avait marché, il revient, son armée saine et sauve et sans avoir éprouvé de pertes. Sauf que, dans le col même des Pyrénées, il eut à souffrir un instant, au retour, de la perfidie des Basques. Voici comment : l'armée était étirée en formation allongée, pour permettre le passage du défilé. Le piège était installé au point culminant de la montagne [...] Les Basques surveillaient les derniers éléments de l'escorte et les renforts qui précédaient l'arrière-garde. Les assaillant d'en haut, ils les précipitent au fond de la vallée. Ils engagent un combat contre eux, les tuent jusqu'au dernier, pillent les bagages ; protégés par la nuit qui était venue, très rapidement ils se dispersent. En cette affaire, les Basques étaient favorisés par la légèreté de l'armement et la configuration du terrain ; en face d'eux, les Francs furent défavorisés de bout en bout par la lourdeur de l'armement et le handicap du terrain. Dans ce combat, Eggihard, intendant de la table royale, Anselme, comte de la Maison impériale, et Roland, responsable de la frontière bretonne, ainsi que beaucoup d'autres trouvent la mort. »

Il y a là à peu près toute la trame de la *Chanson*.

Mais il existe un autre document, la *Vie de Louis le Pieux*, fils et successeur de Charlemagne, œuvre d'un historien anonyme, désigné habituellement sous le nom d'*Astronome limousin* (environ 840). En voici un passage : *Extremi quidem in eodem monte regii caesi sunt agminis : quorum, quia vulgata sunt, nomina dicere supersedeo.* (« L'arrière-garde royale fut massacrée sur la même montagne : je me dispense de dire les noms des victimes, car ils ont été publiés. ») Ce document confirme le premier. Il indique que l'événement, aux environs de 840, est considéré comme un fait historiquement établi et que les noms des victimes sont connus. On a d'ailleurs parfois tenté d'interpréter ce deuxième document comme une preuve qu'en 840 la mort de Roland avait déjà donné lieu à des œuvres littéraires qui avaient rendu célèbres ses héros. C'est donner un sens bien large aux deux mots *vulgata sunt*, qui, en latin médiéval, veulent seulement dire : « ont été indiqués, publiés » et non pas « sont largement connus ». Il y a aussi une épitaphe en vers latins (fonds latin,

4841 de la Bibliothèque nationale), qui se rapporte au sénéchal Eggihard (personnage tout à fait différent du chroniqueur Eginhard); elle précise que la bataille eut lieu le 15 août, et qu'Eggihard fut inhumé dans une chapelle dédiée à saint Vincent. Il existe aussi des monnaies frappées en 781 et portant le nom de Hrolandus; une charte (environ 772) signale parmi les « fidèles palatins » un nommé Rothlandus.

Enfin, tout dernièrement, un chercheur espagnol, Damaso Alonso, vient de publier, arraché au manuscrit Emilianense 39 de la Real Academia de La Historia (feuillet 245 recto), une note dont voici la traduction : « En l'année 778, le roi Charles vint à Saragosse; il avait à ce moment-là douze neveux, et chacun d'eux avait avec lui trois mille cavaliers armés; parmi eux, on peut nommer Roland, Bertrand, Ogier à l'Epée courte, Guillaume au Courbe-Nez, Olivier et l'évêque Turpin. Chacun d'eux servait le roi un mois par an avec ceux de sa suite. Il arriva que le roi s'arrêta à Saragosse avec son armée. Au bout de peu de temps, conseil lui fut donné par les siens d'accepter de nombreux présents afin que l'armée ne pérît pas de faim et pût rentrer dans sa patrie. Ce qui fut fait. Le roi décida ensuite que, pour le salut des hommes de l'armée, Roland, le courageux guerrier, se tiendrait à l'arrière-garde. Mais, lorsque l'armée franchissait le port de Cize, à Roncevaux, Roland périt tué par les Sarrasins. »

L'événement fut donc d'importance : les paladins payèrent de leur personne, chose déjà rare au Moyen Age. La retraite, puis le massacre de Roncevaux mirent bel et bien l'Empire en danger; Charlemagne fortifia immédiatement l'Aquitaine. Par prudence et par diplomatie, les « historiens » de l'époque minimisèrent l'événement.

LA TRANSFIGURATION DE L'HISTOIRE

Les données de l'histoire se trouvent profondément transformées par la *Chanson*.

Les Basques, auteurs réels de la manœuvre qui fut fatale à l'armée de Roland, sont remplacés par les Sarrasins : l'ennemi, c'est l'Infidèle; ce n'est plus un incident local, c'est un épisode victorieux des croisades. Le roi Charles, c'est donc Charles le Grand, le défenseur de la chrétienté. La bravoure prodigieuse de Roland fait de ce lieutenant de Charlemagne l'homme du service féodal et de la loi chrétienne. Il est le chevalier. A l'époque de Charlemagne, cette mystique était inconnue : la conception de l'œuvre est anachronique.

Mais ces « arrangements » sont conformes à l'actualité : après les pontificats sans grandeur des papes Formose, Jean XII et Boniface VII, le Saint-Siège connaît une autorité toute nouvelle. Depuis le pontificat de Grégoire VII, qui obligea l'empereur à céder dans la querelle des Investitures (entrevue de Canossa, 1077), le souci de la papauté est non seulement de préserver, mais aussi d'étendre le monde chrétien : or, les Musulmans d'Espagne représentent un grand danger. Et la papauté utilise la puissance militaire de la France; l'Eglise, en instituant la trêve de Dieu, finit par mettre un terme aux guerres seigneuriales, ce qui ne peut d'ailleurs que renforcer la politique des premiers Capétiens, soucieux d'organiser l'administration de leur royaume. Mais, en échange, on aide les rois de Castille, de Navarre, d'Aragon à résister au califat de Cordoue; les seigneurs de Béarn, de Bigorre, de Gascogne, de Provence s'unissent aux grandes familles de l'Espagne chrétienne.

Ce caractère sacré que revêt peu à peu la guerre se traduit par l'édification de sanctuaires, qu'enrichissent des reliques. Les prélats prêchent ouvertement la guerre : ainsi, l'abbé de Cluny Odilon lève une armée bourguignonne pour secourir la Catalogne; le pape Alexandre II promet l'absolution à tout guerrier combattant les Sarrasins d'Espagne. Grégoire VII fait beaucoup mieux : il déclare que le produit de la conquête relèvera en propre de saint Pierre, et il accorde à un chef d'expédition, Eble de Roucy, de tenir en son nom, sous forme de fief, les terres qu'il pourrait conquérir. Les moines arrivent nombreux en Espagne pour administrer les territoires à mesure qu'on les conquiert : moines de Cluny; moines de l'abbaye de Sainte-Foy de Conques (ceux-ci acquièrent ainsi d'appréciables domaines dans les régions de Pampelune, de Barbastro, de Roncevaux); moines de Saint-Sernin de Toulouse, à Ibañeta. Les archevêques de Bordeaux, de Lescar, de Tarbes, de Bayonne sont invités par Pierre Iᵉʳ d'Aragon à fêter avec lui le remplacement des mosquées par des églises. Des évêques français prirent la tête de diocèses espagnols, comme Urgel et Roda-Barbastro.

En même temps commencent les croisades pour la délivrance des Lieux saints : Godefroi de Bouillon et les seigneurs français participent en nombre à la première croisade (1096-1099); le roi de France Louis VII participera à la deuxième croisade (1147-1149).

Ce vaste mouvement de défense du christianisme veut se mettre sous le patronage de Charlemagne : celui-ci avait fondé à Jérusalem l'église Sainte-Marie-Latine et avait établi sa domination un instant sur les Lieux saints; et, d'autre part, il était intervenu contre l'Espagne musulmane; il fut considéré comme le précurseur des croisés. « Lever l'épée contre les Sarrasins, voilà le mérite! » « Empourprés de votre sang, vous acquerrez une gloire éternelle. » « Ceux qui succomberont, qu'ils sachent bien qu'ils obtiendront la récompense éternelle! » Tels étaient les messages du souverain pontife lus dans les conciles. Et la légende épique qu'offre le manuscrit d'Oxford vient exactement en son temps. Transfiguration de la guerre d'Espagne, exaltation de la mystique féodale, conviction que le service des armes ouvre les portes de l'éternité, autant de thèmes actuels.

D'autres indices, d'ailleurs, révèlent, à l'époque où fut composée notre *Chanson,* une tendance populaire à transfigurer Charlemagne et ceux qu'on appelle, autre anachronisme, ses « pairs » : il existait au port de Cize une croix de pierre appelée « croix de Charlemagne » (attestée en 1106); un moine de l'abbaye de Silos, non loin de Burgos, s'en prend à des récits légendaires répandus en France, concernant des exploits de Charlemagne en Espagne, et considérablement exagérés d'après lui (chronique de 1110). Plusieurs chartes attestent la volonté de chrétiens convaincus de mettre leurs enfants sous la protection de Roland et d'Olivier, considérés comme des saints. En 1109, Hugues de Fleury, dans son *Histoire ecclésiastique,* rapporte que le corps de Roland fut inhumé au château de Blaye. En 1114, un moine de l'abbaye de Fleury-sur-Loire fait allusion à l'épée de Roland, la fameuse Durendal, présent de Charlemagne à son neveu.

LA « CHANSON DE GESTE »

Si l'on peut déduire avec certitude les rapports qui existent entre *la Chanson de Roland* et la civilisation de l'époque où elle fut créée, bien des doutes subsistent sur des points importants.

L'auteur.

Le nom de l'auteur est inconnu, comme il arrive le plus souvent pour les œuvres de ce temps. Le dernier vers du poème : *Ci falt la geste que Turoldus declinet,* ne donne aucune certitude puisque le sens du verbe *declinet* reste obscur et qu'on ne sait s'il signifie « composer », « transcrire » ou « réciter ». Ce Turoldus (qui s'écrirait aujourd'hui *Touroude,* nom fréquent dans la région d'Avranches) semble bien d'origine normande, et, même s'il n'est pas l'auteur du poème, il est apparu à bien des érudits comme une preuve de l'origine normande de la *Chanson.* On a donné d'autres preuves à l'appui de cette thèse. Le héros, Roland, était « préfet », c'est-à-dire gouverneur de la marche de Bretagne. L'archange saint Michel, souvent invoqué dans la *Chanson,* est l'objet d'un culte particulier dans cette région de la France, où le sanctuaire du Mont-Saint-Michel (cité sous le nom de « Saint-Michel-du-Péril » qu'il portait alors) était, depuis 706, l'objet d'une vénération particulière. Sur le mont, la fête de la saint Michel est célébrée non le 29 septembre comme ailleurs, mais le 16 octobre, jour qui est indiqué par la *Chanson.* Enfin, la langue même est ce dialecte normand qu'on retrouve à cette époque dans maintes autres œuvres.

Il y a en effet, à la fin du XIe siècle et au début du XIIe siècle, une vie intellectuelle très intense dans la région : vers 1040, Thibaut de Vernon compose la *Vie de saint Alexis;* la plus vieille société poétique de France, le Puy des Palinods de Rouen, remonte à 1072; la *Vie de saint Brendan,* poème de la mer, est l'œuvre d'un moine normand, Benoît (1121). L'auteur du *Roman d'Alexandre* était de Bernay. Et il a paru à la même époque deux versions anglo-normandes du roman de *Tristan et Iseut* (celle de Thomas et celle de Béroul). C'est en Normandie qu'est représenté le premier drame religieux en vers, la *Représentation d'Adam*. Le foyer culturel normand s'étend en Angleterre, en Anjou, en Aquitaine. Notre *Chanson* est vraisemblablement un des premiers chefs-d'œuvre de cet âge d'or de la littérature normande.

La « geste ».

Le mot *geste* vient du neutre pluriel latin *gesta*, qui signifie : « choses faites ». Ce pluriel neutre a été bien vite senti comme un féminin singulier : il a ainsi pris le sens d' « histoire ». C'est bien en ce sens que le poète utilise le mot à la laisse 155, en se référant à un document — réel ou imaginaire — qui confirme son récit. Mais est-ce la même acception que l'on trouve au dernier vers *(Ci falt la geste que Turoldus declinet)*, toujours si discuté? Le mot semblerait ici s'appliquer au poème lui-même, mettant ainsi en évidence le caractère narratif d'une œuvre fondée sur des données historiques.

En un temps où la diffusion orale est le seul moyen de toucher un vaste public, la « chanson de geste » est destinée à être récitée ou psalmodiée par un jongleur avec accompagnement de la vielle ou de la harpe primitive. La division en laisses de longueur variable, composées chacune sur la même assonance, confirme ce caractère de récitatif, sans qu'on ait aucun document certain sur la nature et le rythme de l'accompagnement musical qui soutenait la récitation.

La « geste » finit par désigner l'ensemble des poèmes dont les sujets se rapportent à un même groupe d'événements légendaires. En effet, la prolifération des chansons de geste se poursuit jusqu'au XIIIᵉ siècle, attestant la vitalité et le succès de ces poèmes narratifs d'inspiration épique. *La Chanson de Roland* n'est que le plus ancien des poèmes qui ont été inspirés par Charlemagne. Voici, par ordre chronologique la liste des œuvres qui ont été composées après la *Chanson* et qui traitent de Charlemagne : au XIIᵉ siècle, *Aiquin, Aspremont, le Couronnement Loys, l'Entrée de Spagne, Guy de Bourgogne, Huon, Mainet, le Voyage à Jérusalem.* Au XIIIᵉ siècle, *Anséis, Auberon, Berte aux grands pieds* (d'Adenet), la *Destruction de Rome, les Enfances Roland, Fierabras, Galien, Gaydon, Jean de Lanson, Ogier, Otinel, Roncevaux, les Saisnes, Simon de Pouille.* Au XIVᵉ siècle, le *Roman de Charlemagne,* la *Prise de Pampelune.* L'ensemble de ce cycle est souvent désigné sous le nom de *Geste du roi.*

La date.

Le manuscrit d'Oxford date de 1170 environ, mais on admet généralement que le poème est plus ancien. Certaines allusions, surtout dans la dernière partie du poème, qui oppose Charlemagne aux puissantes armées de Baligant, permettraient de penser que la

Chanson est contemporaine de la première croisade. Joseph Bédier croyait pouvoir affirmer que le poème avait été écrit entre 1095, date du concile de Clermont qui décide de la croisade, et 1100, date où fut connue en France la prise de Jérusalem par les croisés, survenue l'année précédente. Tant de précision paraît aujourd'hui un peu aventureuse. Si *la Chanson de Roland* est la plus ancienne geste parvenue jusqu'à nous, rien ne prouve que la version d'Oxford en soit la version primitive; on connaît en effet suffisamment de versions postérieures pour s'apercevoir qu'elles comportent des remaniements assez libres du texte dont elles s'inspirent. « La somme des changements dus à une série de copistes successifs peut à la fin dépasser en importance ce qui reste du texte initial[1]. » Or, le texte du manuscrit d'Oxford ne présente peut-être qu'une étape dans la série des remaniements. D'autre part, *la Chanson de Roland* n'est pas forcément le point de départ de tous les poèmes qui ont ensuite exalté la légende de Charlemagne. Le poème latin de 482 vers *De proditione Guenonis (la Trahison de Ganelon)*, de date incertaine, et la chronique dite du *pseudo-Turpin* pourraient bien n'être pas issus de *la Chanson de Roland,* et d'autres chansons pourraient bien remonter à des traditions antérieures.

Même s'il est probable que le texte du manuscrit d'Oxford est une œuvre écrite au début du XIIe siècle, tout le problème n'est donc pas résolu. Ainsi s'explique l'insistance avec laquelle les érudits ont essayé de découvrir comment s'étaient élaborées les chansons de geste.

LA GENÈSE DE *LA CHANSON DE ROLAND*

Puisque aucun texte ne jalonne la période qui va de l'époque des faits, c'est-à-dire au temps de Charlemagne, jusqu'à l'éclosion des poèmes, on a tenté toutes sortes d'hypothèses pour expliquer la genèse des thèmes, mais aussi la genèse de la forme des poèmes épiques.

La théorie de Karl-Friedrich Schlegel.

Dès 1815, Karl-Friedrich Schlegel, dans son *Histoire de la littérature ancienne et moderne,* pressent une vérité qui ne percera en France qu'au XXe siècle. Dissertant non sur *la Chanson de Roland,* qu'il ne peut connaître, mais sur une version allemande du poème, *Hruolandes Lied,* du prêtre Konrad, il discerne l'anachronisme fondamental d'une telle œuvre :

« A l'époque des croisades, l'histoire des hauts faits de Charles, de la bataille de Roncevaux et de la mort de Roland fut présentée

---

1. M. Delbouille, *Sur la genèse de « la Chanson de Roland »,* Bruxelles (1954).

sous la forme d'une croisade, afin d'exposer aux yeux des chevaliers et des croisés du temps un modèle, l'exemple fait pour leur
inspirer de l'enthousiasme. »

La théorie des cantilènes.

Lorsque la découverte et la publication par Francisque Michel du
manuscrit Digby eurent révélé le chef-d'œuvre (1837), surtout lorsque
les articles de Vitet, dans *la Revue des Deux Mondes,* eurent vulgarisé
cette découverte, nul ne douta que *la Chanson de Roland* ne fût une
rhapsodie de vieilles chansons populaires, arrangées, composées à
travers les âges par des générations d'amateurs et de trouvères.
C'est ce qu'écrivit Henri Monin lui-même; après lui, Francisque
Michel, puis Raynouard (*Journal des savants,* juillet 1832) ne dirent
pas autre chose. Ce fut la théorie des frères Grimm et de Fauriel.
Amaury Duval, dans une *Histoire littéraire de la France,* parue en
1835, voit l'origine de notre poème dans « quelques-unes de ces
chansons que, depuis la mort de Charlemagne, des jongleurs ambu-
lants allaient chanter dans tous les pays ». Ce fut la théorie dite
« des cantilènes » (c'est-à-dire supposant l'existence primitive de
poèmes lyriques d'abord, narratifs et épiques ensuite). Les chercheurs les plus autorisés, comme Jean-Jacques Ampère, Léon Gautier, Gaston Paris, l'admirent. C'était en fait transposer à l'épopée
française les méthodes critiques appliquées par Wolf aux poèmes
homériques, par Herder aux poèmes dits « d'Ossian », par Lach-
mann au cycle des *Niebelungen.* Or, ces cantilènes existaient bien
en Germanie, où il était d'usage de célébrer de son vivant, ou immédiatement après sa mort, tel ou tel guerrier par une courte composition lyrique, mais en France on n'en a pas retrouvé une seule.

La théorie des épopées primitives.

Certains critiques, reconnaissant combien il était difficile d'admettre
que des poèmes lyriques puissent aboutir à une œuvre narrative,
modifient cette théorie : pour Pio Raysia, érudit italien, auteur des
Origines de l'épopée française (1884), *la Chanson de Roland,* dès sa
création, a adopté la forme épique, telle que la poésie germanique
l'avait pratiquée dès l'époque mérovingienne. Il y aurait donc eu
un texte épique composé à peu près à l'époque où s'est déroulé
l'événement. Ce texte, remanié au cours des âges par les générations successives, aboutit au texte du manuscrit Digby. Ces vues
ne furent pas universellement admises : jusqu'en 1900, partisans
de la théorie des cantilènes et partisans d'un poème épique selon
la tradition germanique s'affrontèrent. Mais sur un point on restait
d'accord : la chanson de geste est un produit spontané de l'âme
populaire. Certains érudits ont même cru découvrir un rapport
entre *la Chanson de Roland* et certaines légendes dont l'origine remonte
aux temps les plus obscurs.

Ainsi, selon Hugo Meyer, la trame de la *Chanson* rappelle un mythe germanique : le dieu du Soleil Hruodo, ou Roldo, possède tout comme Roland une épée légendaire et un cor célèbre. Il est, comme lui, victime d'un traître : le nom de ce dernier est Gamalo (bien proche de Ganelon), mot qui signifie « loup » en scandinave; or, le loup est d'ailleurs, dans la mythologie scandinave, le vieil ennemi des dieux. Roldo est aussi blessé involontairement par Oller (Olivier), dont il aime la sœur. C'est dans la vallée des Epines (Ronces vals) qu'il trouve la mort. Sa mort est suivie d'une série de miracles : le soleil arrête sa course; les pierres pleurent; sa bien-aimée meurt.

La théorie de J. Bédier.

Les travaux que mène Joseph Bédier depuis 1904, et qui aboutissent à son ouvrage sur *les Légendes épiques* (1912), bouleversent les données antérieurement admises. Rejetant la théorie des origines lointaines et germaniques, qui ne peut se justifier par aucun texte, J. Bédier est le premier à affirmer nettement, comme l'avait déjà pressenti K.-F. Schlegel, que *la Chanson de Roland* avait été écrite au plus tôt à la fin du XIᵉ siècle. Comment la réalité historique du VIIIᵉ siècle s'est-elle donc transformée pour devenir la matière de la *Chanson?* Selon J. Bédier, les grands pèlerinages avaient favorisé l'éclosion de légendes, qui situaient, à certaines étapes de l'itinéraire, le souvenir d'un héros. Clercs et moines auraient ainsi exploité la curiosité et l'enthousiasme des pèlerins qui passaient par leur sanctuaire en leur racontant les récits merveilleux qui étaient confirmés par des reliques et des monuments. *La Chanson de Roland* semble à J. Bédier liée à l'itinéraire qui mène au célèbre lieu de pèlerinage qu'était Saint-Jacques-de-Compostelle. Depuis Blaye et Bordeaux, jusqu'à Pampelune en passant par Roncevaux, la route est jalonnée d'innombrables témoignages, depuis la tombe de Roland jusqu'à la « croix de Charles » au port de Cize. L'abbaye de Roncevaux aurait été le centre de cette élaboration. Quant à la *Chanson*, elle aurait été composée par un poète de génie, qui aurait, tout d'un coup, mis en œuvre les récits répandus au long de la route du pèlerinage.

La théorie d'A. Pauphilet.

Disciple de J. Bédier, A. Pauphilet va beaucoup plus loin que lui; celui-ci admettait à l'origine une réalité historique, une légende, des sanctuaires et les récits des prêtres de ces sanctuaires.

A. Pauphilet pense qu'un poème ne peut sortir de chroniques historiques ni même de légendes brodées sur l'histoire. L'initiative appartient au poète qui modèle son œuvre à partir de thèmes poétiques nés de sa sensibilité et de son imagination. De Roland, qui n'est qu'un vague nom cité dans les chroniques, le poète fait un héros plein de vérité humaine; il invente, sur le thème du compagnonnage guerrier, le personnage d'Olivier, à la fois si proche et si différent de Roland; il construit tout le drame en le fondant sur le jeu de deux caractères, celui de Ganelon et celui de Roland; en un mot, il est le créateur de l'œuvre. Et cette hypothèse peut paraître séduisante quand on sait tout ce qui sépare la *Chanson* des faits historiques auxquels on la rattache. Quant aux souvenirs qui jalonnaient la route des pèlerinages — l'olifant déposé à Saint-Seurin ou le tombeau de Blaye —, ils ont été sans doute placés là plus tard, à cause du succès même de la *Chanson*.

La théorie des historiens.

Les thèses de J. Bédier et de A. Pauphilet, que le professeur italien Italo Siciliano a tenté de concilier, ont le mérite de mettre l'accent sur la valeur poétique de *la Chanson de Roland,* l'un insistant sur l'imagination des clercs des sanctuaires, l'autre sur la puissance créatrice de l'auteur. Mais certains historiens, et notamment R. Fawtier, ont considéré que de telles hypothèses finissent par réduire à un prétexte l'événement qui est cependant au centre de l'œuvre : la bataille de Roncevaux. Certes, la bataille n'a pas eu l'importance gigantesque que lui prête le poème, mais elle a été une sévère défaite; et les chroniqueurs, on l'a vu, ont été tentés, pour des raisons politiques, de réduire la portée des faits. Certains témoignages semblent prouver que le souvenir de Roncevaux restait très vivant dans les esprits : en 840, à la cour de Louis le Pieux, on parlait encore de l'événement. Rien n'empêche d'imaginer qu'une tradition orale, ayant son centre à Roncevaux, ait ainsi perpétué, de génération en génération, et aussi déformé le récit de la bataille. Il est possible que les pèlerins de Saint-Jacques-de-Compostelle, en passant par Roncevaux (qui n'est pourtant pas la route la plus directe de Dax à Pampelune), aient continué à entendre commenter la bataille.

Mais il reste toujours à expliquer comment cette transmission orale a donné naissance au poème épique. Les médiévistes modernes reviennent alors à la théorie d'une poésie orale traditionnelle, qui est à leurs yeux le seul moyen d'expliquer les variantes d'un même texte. Ainsi, le grand romaniste espagnol Ramon Menendez Pidal conclut dans « *la Chanson de Roland* » y el neotradicionalismo (1959) : « Voici l'explication littéraire de ce fait que Bédier trouvait littérairement inexplicable : le jeu ininterrompu des variantes, pour être chose habituelle dans la littérature qui se propage oralement, ne l'est point dans toute littérature orale, mais seulement dans la littérature orale traditionnelle ou anonyme dans laquelle le manuscrit est un pur accident, ne représentant plus que la copie d'une quelconque des versions qui se produisent dans le débit chanté. La poésie individuelle et la poésie traditionnelle se propagent oralement, mais, dans la poésie individuelle, le chant se conforme à un manuscrit, alors que dans la poésie traditionnelle le manuscrit se conforme au chant. Le manuscrit d'une œuvre individuelle représente une réalité permanente, qui est le texte établi par un auteur, tandis que le manuscrit d'une œuvre traditionnelle représente un moment fugace d'une réalité multiforme. »

Quant à la technique qui aurait donné naissance à la chanson de geste, elle est, pour certains commentateurs actuels, issue d'un genre qui est le premier en date dans l'histoire de la poésie : celui des *Vies de saints*. Le poème épique serait né le jour où on aurait remplacé le saint par un héros national et l'ascétisme par le combat au service de Dieu. C'est ainsi que la tradition de la poésie narrative se serait transmise en se modifiant.

En tout cas, si grandes que restent les incertitudes sur la genèse de *la Chanson de Roland*, l'œuvre, qu'elle soit née d'un premier jet ou issue de remaniements successifs, est d'une incontestable beauté, et domine par sa valeur littéraire et humaine toutes les créations de l'épopée médiévale.

LA VERSIFICATION.

Le poème est divisé en 291 laisses de longueur variable, les plus courtes ayant cinq vers (par ex. la laisse 60), les plus longues en comportant une trentaine (par ex. la laisse 228); chaque laisse forme un tout pour le sens, et elle est constituée sur une même assonance. L'assonance est fondée sur l'identité de son des voyelles toniques au dernier mot du vers; elle diffère de la rime en ce que celle-ci exige, outre l'identité de la voyelle ou de la diphtongue tonique de chaque mot final, l'identité des sous-consonnes qui suivent immédiatement cette voyelle ou cette diphtongue.

L'assonance était déjà connue des poètes latins; certains chants liturgiques, notamment les « proses », avaient popularisé l'assonance, qui doit peut-être à cette influence d'avoir été adaptée à la poésie en langue vulgaire. L'usage de la rime se substitua peu à peu à celui de l'assonance, qui ne fut plus utilisée à partir du XIIIe siècle; ainsi, des versions rimées de *la Chanson de Roland* succédèrent à la version assonancée du manuscrit d'Oxford. Il ne faut pas toutefois considérer l'assonance comme une technique plus rudimentaire que la rime; elle est en fait liée à une autre conception de la poésie : le récitatif psalmodié de la poésie épique est différent de la mélodie de la poésie lyrique, qui est rimée. Aucun document ne permet cependant de savoir d'une manière précise sur quel air se jouait ce récitatif accompagné de la vielle. Les trois lettres A O I qui, dans le manuscrit, apparaissent à la fin ou au cours de certaines laisses semblent indiquer au récitant qu'il devait introduire à cet endroit une modulation traditionnelle.

LA CHANSON DE ROLAND À TRAVERS LES ÂGES.

Dans son *Roman de Rou*, écrit entre 1155 et 1170, Wace, poète anglo-normand, imagine qu'à la bataille d'Hastings (1066) on chante déjà les prouesses de Roland.

Taillefer qui moult bien chantait
Sur un cheval qui tôt allait
Devant le Duc allait chantant
De Charlemagne et de Roland,
Et d'Olivier et des vassaux
Qui moururent en Roncevaux.

Un tel témoignage prouve que, sinon au temps de Guillaume le Conquérant, du moins au temps de Wace, la légende de la bataille de Roncevaux est déjà bien connue.

De toutes les chansons de geste, *la Chanson de Roland* est certainement celle dont le succès fut le plus durable : les remaniements successifs dont elle a été l'objet prouvent que les poètes, en ajoutant quelques variations sur le même thème, ont la certitude de répondre aux vœux du public. Même au XV⁰ siècle, des romans, comme *les Conquêtes de Charlemagne*, témoignent qu'on peut encore à cette époque intéresser le lecteur avec les mêmes sujets.

A l'étranger, le rayonnement est immédiat et immense : en Allemagne, le prêtre Konrad écrit le *Hruolandes Lied* (1160), où les deux éléments, l'élément guerrier et l'élément religieux, sont assez fidèlement transposés. En Norvège, la *Karlamagnussaga* contient une traduction de la *Chanson* (1230-1250). Au XII⁰ siècle, des statues de Roland et d'Olivier sont érigées près du portail de la cathédrale de Vérone; dans la nef de la cathédrale de Brindisi, des fresques sur mosaïque datant de 1178 représentent des épisodes de l'affaire de Roncevaux. Vers 1230, un scribe lombard remanie la *Chanson* en dialecte franco-italien, et c'est le manuscrit de la bibliothèque Saint-Marc à Venise. Vers 1350, un trouvère de Padoue produit une *Entrée en Espagne* : c'est une manière de prologue de l'œuvre de Turold. A la fin du XIV⁰ siècle, en italien, paraissent une *Spagna* en vers, une *Spagna* en prose et un *Viaggio di Carlo Magno in Ispagna*, œuvres fantaisistes jusqu'à l'extravagance. Le *Morgante* de Pulci (1485) reprend le thème sur le mode burlesque : notamment un personnage de Roland amoureux nous écarte bien loin de la tradition française. Entre 1482 et 1494, l'écrivain lombard Boiardo dépeint un Roland sous la forme d'un chevalier errant se consacrant de plus en plus exclusivement aux dames : ce *Roland amoureux* devait d'ailleurs demeurer inachevé, au moment où le héros devenait amoureux d'une Sarrasine. Dans le *Roland furieux* d'Arioste, Roland épouse bel et bien une Sarrasine, la belle Angélique, et celle-ci le trompe avec un soldat sarrasin. Et Roland se déchaîne à travers la France, l'Espagne et l'Afrique.

C'est à travers ces œuvres baroques de la Renaissance italienne que les Français de l'époque classique ont pu connaître le nom de Roland, en attendant que le XIX⁰ siècle redécouvre le vrai visage du héros médiéval.

BIBLIOGRAPHIE SOMMAIRE

I. Éditions du texte complet.

Joseph Bédier — *la Chanson de Roland* (d'après le manuscrit d'Oxford, Paris, Piazza, 1922).

Ed. Aube — *la Chanson de Roland* (Paris, Garnier, 1945).

II. Transcriptions en français moderne.

En vers rimés :

Maurice Bouchor — (Paris, Hachette, 1899).

Henri Chamard — (Paris, A. Colin, 1919).

En vers assonancés :

Louis Petit de Julleville — (Paris, Lemerre, 1878).

En prose rythmée :

Léon Clédat — (Paris, Leroux, 1887).

En prose libre :

Léon Gautier — (Tours, Mame, 1872).

Joseph Bédier — (Paris, Piazza, 1922).

III. Ouvrages d'histoire et de critique littéraire.

Joseph Bédier — *les Légendes épiques* (4 volumes, 1912-1913; dernière édition, Paris, Champion, 1926-1929).

Robert Fawtier — « *la Chanson de Roland* », *étude historique* (Paris, de Boccard, 1933).

Edmond Faral — « *la Chanson de Roland* », *étude et analyse* (Paris, Mellottée, 1933).

Émile Mireaux — « *la Chanson de Roland* » *et l'histoire de France* (Paris, Albin Michel, 1943).

Italo Siciliano — *les Origines des chansons de geste* (Paris, Picard, 1951).

Pierre Le Gentil — *la Chanson de Roland* (Paris, Hatier-Boivin, 1955).

Ferdinand Lot — *Étude sur les légendes épiques françaises* (Paris, Champion, 1958).

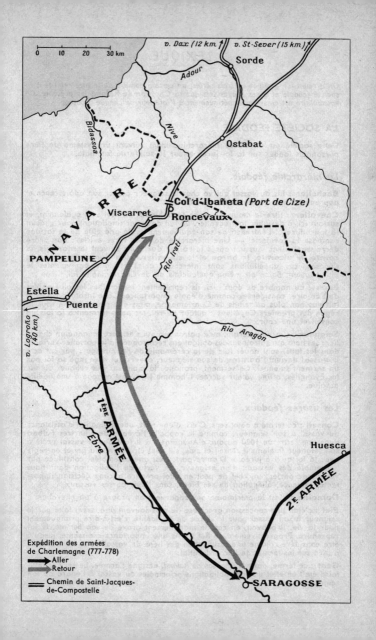

v. Dax (12 km)↗   v. St-Sever (15 km)↗

0 10 20 30 km

Sorde

Adour

Bidassoa

Nive

Ostabat

NAVARRE

Viscarret

Col d'Ibañeta *(Port de Cize)*

Roncevaux

PAMPELUNE

Rio Irati

Estella

Puente

v. Logroño (40 km)↗

Rio Aragón

Ebre

1ère ARMÉE

Huesca

2ᵉ ARMÉE

Expédition des armées
de Charlemagne (777-778)

→ Aller
→ Retour
══ Chemin de Saint-Jacques-
   de-Compostelle

SARAGOSSE

LEXIQUE

On a réuni ici, groupés en trois séries, un certain nombre de termes relatifs à la société féodale et à ses usages tels que la Chanson de Roland les présente. Ce vocabulaire est classé alphabétiquement à l'intérieur de chaque groupe.

LA SOCIÉTÉ FÉODALE

Cette société est organisée hiérarchiquement suivant un système de liens personnels fondés sur la foi jurée et sur la solidarité familiale.

La hiérarchie féodale.

Bachelier : fils du vassal qui va chez le seigneur passer son adolescence et apprendre chez lui son métier de cavalier.

Chevalier : titre le moins élevé de la noblesse; ce mot sert également, et surtout ici, à désigner tout cavalier. Le fait de servir impliquant pour chacun la fourniture et l'entretien de son équipement, seule une élite de la fortune compose la cavalerie. — Une hiérarchie dans les titres existe : par ordre décroissant vient, aussitôt après le **roi**, le **duc**, puis suivent les **marquis**, le **comte**, le **vicomte**, le **baron** et le **chevalier**. Mais dans le texte de la *Chanson*, ces appellations sont interchangeables et donc équivalentes le plus souvent. *Baron* est même quelquefois dit de Charlemagne lui-même.

Pairs : au nombre de douze ici, ils représentent les familles les plus nobles de l'Empire, considérées comme d'égale importance. Cette institution n'existait pas non plus au temps de Charlemagne, mais elle prend forme sous le règne des premiers Capétiens : autour du roi, les pairs forment à la fois un conseil et une cour.

Seigneur : c'est le suzerain, ou « patron » à qui s'est recommandé un chevalier; ces liens qui entraînent des obligations réciproques (d'importance variable dans les faits) sont noués lors de la cérémonie de l'hommage : par cet acte le **vassal** devient l'**homme** de son seigneur, envers qui il engage sa foi par un serment solennel. Ce serment, prononcé la main sur des reliques ou sur les Évangiles, a une valeur sacrée. L'homme **lige** s'est engagé à une fidélité absolue.

Les usages féodaux.

Conseil : ce terme a deux sens. C'est, d'une part, une obligation d'assistance du vassal à son seigneur, comme le rappelle l'évêque de Chartres Fulbert dans une *Lettre* de 1020 au duc d'Aquitaine : « Il faut que le vassal prête à son seigneur fidèlement *conseil et aide*, s'il veut être digne du fief et en règle avec la foi qu'il a jurée. » D'autre part, c'est une assemblée, constituée par l'ensemble des vassaux d'un seigneur, en vertu de l'obligation dont nous venons de parler; un chef ne peut en effet prendre aucune décision importante, sentence, aliénation de ses biens, sans l'avis de ses vassaux.

Domaine : c'est le patrimoine qui appartient en propre à un chevalier.

Fief : c'était une concession gracieuse (le plus souvent une terre) faite par le seigneur à son vassal pour la durée de sa fidélité, c'est-à-dire pratiquement pour la vie. Il pouvait, en cas de manquement grave, le lui reprendre à son *homme*. Progressivement, le fief a pris une importance croissante, jusqu'à être considéré comme une justification des liens de vassalité, ce qui revenait à inverser les termes de l'accord initial.

Gent : ce terme, dans *la Chanson de Roland*, désigne l'armée. Le service militaire était en effet une des obligations principales du vassal à l'égard de son seigneur.

Lignage : synonyme de « race » au sens familial, ici. C'est une notion très importante : le lignage constitue la cellule essentielle de la société chevaleresque ; jamais le noble de cette époque n'agit en dehors de sa parenté qui est solidaire de tout ce qu'il fait : ainsi, c'est parmi les parents que sont pris les **otages** qui répondront sur leur vie du chevalier, leur parent, dans un jugement de Dieu. Le mot **lignée** s'emploie dans le même sens.

Service : ce mot désigne d'une manière générale les obligations du vassal à l'égard de son seigneur. Outre celle de conseil citée plus haut, l'obligation de service militaire et, parfois, d'aide pécuniaire sont les plus importantes.

LA MORALE FÉODALE

Cette morale comporte deux vertus fondamentales : la loyauté et le courage. Celui qui réunit les qualités qui satisfont à ces deux impératifs est qualifié de **noble**.

Courtois : cet adjectif paraît caractériser le chevalier qui témoigne à autrui estime et respect.

Félon (adjectif et nom) : désigne celui qui trahit son suzerain, qui n'a pas respecté la **foi** engagée par son serment solennel. De ce fait, il est passible de jugement par l'assemblée des vassaux du seigneur lésé. C'est l'injure suprême, que les chrétiens appliquent aux païens et inversement.

Fier : cet adjectif a déjà le sens moderne, mais il reste teinté d'une nuance plus forte : la volonté de se montrer d'un courage impitoyable qui peut aller jusqu'à une certaine férocité envers l'ennemi.

Preux : adjectif résumant l'ensemble des qualités dont est pourvu le chevalier idéal de l'époque : courage et droiture essentiellement. Le plus souvent ici il évoque les qualités guerrières ; en ce sens, son antonyme est **félon**. **Vaillant** alterne avec *preux* dans le texte.

L'ARMEMENT FÉODAL

Nous trouvons ici un vocabulaire qui peut se grouper en trois ensembles : celui qui a trait à la monture du chevalier ; celui qui concerne l'équipement défensif et offensif du cavalier ; enfin celui qui désigne les moyens de reconnaissance et de ralliement.

La monture.

Dans le combat, la cavalerie prend le premier rôle, du fait de certains perfectionnements techniques récents. Ainsi l'**éperon** fut une invention franque, tandis que les **étriers** donnent au cavalier la stabilité qui permettra les assauts à la lance. Il faut **désarçonner** l'adversaire qui, du fait de son armement lourd et encombrant, sera très gêné, une fois à pied.

Destrier : appelé parfois aussi **coursier** dans *la Chanson de Roland* ; c'est le cheval de bataille qui était tenu de la main **droite** (d'où son nom) par l'écuyer quand le chevalier ne le montait pas. Les qualités traditionnelles du bon destrier sont indiquées à la laisse 114. Le **palefroi** était une monture de parade, de promenade, comme la **mule** ou le **mulet**. Les bagages du chevalier étaient portés par le **roussin** ou **roncin**. Le **cheval de somme** était, lui aussi, destiné au transport des bagages.

L'équipement.

Au point de vue défensif, le chevalier porte des vêtements destinés à le protéger contre les coups.

Le **bliaut** était une tunique courte que l'on portait sous le haubert en temps de guerre ou sous un manteau en temps de paix.

La **broigne** consistait, à l'origine, en une tunique longue prenant le menton et descendant jusqu'aux genoux, faite de cuir ou d'étoffe solide sur laquelle on attachait des bandes de fer ou des plaques de métal. Puis s'y substitua le **haubert**, composé de mailles de métal tissées, la doublure ayant disparu. A l'époque de *la Chanson de Roland*, les deux mots sont synonymes, la véritable broigne ayant pratiquement disparu.

Le **heaume** était un casque de forme conique ou ovoïde, en métal, garni sur le devant d'une pièce métallique plate, le **nasal**, qui protégeait le visage; il se laçait aux mailles de la coiffe du haubert qui recouvrait la nuque et le crâne.

Cet ensemble était complété par l'**écu** : panneau oblong ou rond fait de planches assemblées et recouvertes de cuir; il pouvait couvrir un homme debout. Au centre de l'écu se trouvait une proéminence, la boucle (d'où le nom de **bouclier**) en fer, souvent dorée ou contenant une boule de métal précieux ou simplement de verroterie.

L'armement offensif était également très lourd et coûtait fort cher aussi.

L'**épieu** : plus court et plus gros que la **lance**, il en devient ici synonyme. La lance était composée d'un fût en frêne souvent et d'un fer triangulaire. Elle servait à désarçonner l'adversaire sur lequel on arrivait au galop.

L'**épée**, très lourde, se maniait à deux bras. Les chevaliers donnaient un nom à leur épée. Le pommeau en était creux et circulaire, et renfermait des reliques qu'une plaque de cristal laissait voir. La garde est traditionnelle en or dans *la Chanson de Roland*. On frappe avec le tranchant de l'épée, ce qui s'appelle **tailler**. Les armes de jet, **dard, javelot, flèche, trait**, citées épisodiquement dans le texte, deviennent d'une efficacité réduite du fait des armures. Elles ne peuvent que retarder la rencontre de cavalerie ou causer du tort aux seules montures.

Les insignes et moyens de ralliement.

Dans le combat, le **cri de guerre** dans chaque camp servait à rallier autour du chef les chevaliers. Des instruments, permettant une plus longue portée, pouvaient être utilisés : les **clairons**, et surtout le **cor**. L'**olifant**, comme son nom l'indique, était un cor d'ivoire, en forme de corne, probablement sculpté richement. Enfin le **gonfanon** (ou **enseigne**) était fait d'étoffe; rectangulaire et terminé par trois ou quatre langues, il s'attachait à la hampe de la lance, près du fer. Porté par le chevalier lui-même ou par un **gonfalonier**, il permettait, dans la mêlée du combat, de reconnaître adversaires et alliés. Les formes *gonfanon, gonfalon, gonfanonier, gonfalonier* alternaient.

Le **bâton** était, déjà dans l'Antiquité, l'insigne de l'ambassadeur. S'y ajoute le **gant**, symbole féodal de soumission lorsqu'on le donnait ou de défi quand on le jetait. Le messager portait ces attributs.

La présente édition comporte la transcription du texte intégral en français moderne, à laquelle s'ajoute, pour les laisses 145-185, le texte original accompagné d'un commentaire philologique.

LA CHANSON DE ROLAND

*Au moment où le poète prend la parole, la situation est la suivante :
au cours d'un pèlerinage aux Lieux saints, Charlemagne avait fait
vœu d'arracher l'Espagne aux infidèles. Après la chute de Pampelune,
de Tudela, de Cordres, de Léon et d'Astorga, seule Saragosse résis-
tait. L'émir de Saragosse était Marsile ou Marcim, fils de Jusuf,
émir de Tolède, surnommé « Galafre » (Al Galif), chez qui Charles
s'était réfugié à la suite de la trahison de la serve Aliste, lorsque ses
frères Rainfroi et Henri le poursuivaient. Ce Marsile avait de tout
temps marqué de l'aversion pour Charles. Cette histoire est contée
par le jongleur Adenet dans sa* chanson intitulée Berte aux grands
pieds *(fin du XIIIᵉ siècle).*

LA TRAHISON

(vers 1 à 1016)

L'ASSEMBLÉE DES SARRASINS

1

vers 1-9

Le roi Charles, notre grand empereur, sept ans[1] tous pleins
est resté en Espagne : jusqu'à la mer, il a conquis la terre
hautaine. Il n'y a pas un château qui devant lui résiste; il
n'y a mur ni cité qui reste à forcer, sauf Saragosse[2], qui est
sur une montagne. Le roi Marsile la tient, qui n'aime pas
Dieu. Il sert Mahomet et prie Apollon[3] : il ne peut se protéger ni empêcher le malheur de l'atteindre.

---

1. Au lieu de *sept* ans, certaines traditions en comptent *vingt-sept*. Ce fut en
réalité beaucoup plus bref (voir, dans l'Introduction, *les faits* p. 8). Cette donnée
est reprise au vers 197; **2.** *Saragosse :* ville d'Aragon, sur l'Ebre, est située dans
une plaine; mais le pays est montagneux; **3.** Confondus avec les païens, les musulmans, dans les chansons de geste, sont accusés d'adorer Apollon et aussi le dieu
Tervagant. Nombreux exemples dans notre texte de cette curieuse association.

■ QUESTIONS

SUR LA LAISSE 1. — L'exorde est dit sur un ton solennel. Quel effet
recherche le poète en procédant ainsi? Quelles sont les forces qui sont
en présence? Sont-ce seulement deux forces militaires?

2   vers 10-23

Le roi Marsile était à Saragosse. Il s'en est allé en un verger à l'ombre. Sur un perron de marbre bleu, il s'est étendu. A ses côtés, ils sont plus de vingt mille. Il appelle et ses comtes et ses ducs[1]. « Écoutez, seigneurs, quelle calamité nous accable. L'empereur Charles de Douce France[2] est venu dans ce pays pour nous confondre. Je n'ai pas d'armée pour lui livrer bataille. Je n'ai pas d'hommes capables de briser son armée. Conseillez-moi en hommes sages, et me sauvez de mort et de honte! » Il n'y a païen qui réponde un seul mot, sauf Blancandrin[3] du château de Val-Fonde.

3   vers 24-46

Blancandrin était un des païens les plus sages : par sa vaillance digne chevalier, conseiller de valeur pour assister son seigneur. Alors il dit au roi : « Ne soyez donc pas inquiet! A Charles, l'orgueilleux et le fier, mandez des paroles de fidèle service et de grande amitié. Vous lui donnerez des ours et des lions et des chiens, sept cents chameaux et mille autours sortis de mue, quatre cents mulets chargés d'or et d'argent, cinquante chars dont il formera un charroi : il en pourra largement payer ses soldats. Dites qu'en cette terre

---

1. Cette hiérarchie féodale est évidemment une naïveté du poète qui suppose ou fait semblant de supposer que la même hiérarchie existe chez les musulmans et chez les chrétiens; 2. L'épithète *douce* est constamment jointe au nom de la France, même chez les païens. C'est un trait de la langue épique; 3. L'intervention de Blancandrin et l'épisode qui va en découler ont parfois été considérés comme non authentiques. J. Bédier, à juste titre, persiste à juger qu'il fait réellement partie de la *Chanson*. D'abord, cet épisode se retrouve au moins en partie dans le *pseudo-Turpin* et dans le *Carmen de proditione Guenonis*. D'autre part, si cette ambassade n'avait pas eu lieu, il eût été vraiment absurde de la part de Charlemagne de ne laisser à l'arrière-garde que Roland. Et sans la première péripétie de ce prologue (le choix de l'ambassadeur au conseil des pairs), Ganelon n'aurait aucune raison de trahir; et sans le scène de la provocation, sans les injures de Ganelon, Marsile n'eût peut-être pas attaqué. L'examen des détails de ce long prologue prouve au contraire qu'il est exactement charpenté et logiquement lié à la trame de la *Chanson*.

QUESTIONS

Sur la laisse 2. — Y a-t-il dans ce prologue des traits de couleur locale? Y a-t-il des impossibilités historiques? Faut-il considérer celles-ci comme des erreurs involontaires du poète? — L'expression *douce France* : quelle est la signification et la résonance de cette épithète épique?

il a assez longtemps guerroyé; qu'en France, à Aix[1], il devrait
bien retourner; que vous l'y suivrez à la fête de Saint-Michel[2],
et que vous recevrez la loi des chrétiens, que vous deviendrez son vassal en tout honneur et tout bien. S'il veut des
otages, alors envoyez-en ou dix ou vingt, pour le mettre en
confiance. Envoyons-y les fils de nos femmes : dût-il périr,
j'y enverrai le mien. Bien mieux vaut qu'ils y perdent leurs
têtes que si nous devions perdre nos franchises et nos seigneuries, et ne soyons pas conduits à mendier! »

4

vers 47-61

Blancandrin dit : « Par cette mienne dextre et par la barbe[3]
qui flotte sur ma poitrine, vous allez vite voir défaite l'armée
des Français. Les Francs s'en iront en France, c'est leur
pays. Quand chacun sera rentré dans son plus cher domaine,
quand Charles sera à Aix, en sa chapelle, à la fête de Saint-Michel il tiendra une très haute cour. Le jour viendra, et
le terme passera, sans qu'il entende de nous ni mot ni nouvelle. Le roi est fier et son cœur est cruel. De nos otages il
fera trancher les têtes. Il vaut bien mieux qu'ils y perdent
leurs têtes que nous ne perdions nous l'Espagne la claire,
la belle, et que nous n'endurions maux ni souffrances! »
Les païens disent : « Peut-être dit-il vrai! »

---

1. Le nom de *France* revient beaucoup (L. Gautier le compte 170 fois), mais
il n'a pas toujours la même signification. Ici, il faut entendre, en plus de ce que
nous appelons la France : la Bavière, l'Allemagne, la Flandre et la Frise. Ainsi
Aix-la-Chapelle est en France. Ailleurs, et notamment à la fin de la laisse 267,
France désigne seulement le domaine royal d'avant Philippe Auguste. D'autre
part, il y a ici un anachronisme : c'est bien après l'affaire de Roncevaux que Charlemagne fonda Aix-la-Chapelle; 2. Sur la fête de Saint-Michel-du-Péril-en-Mer,
lieu de pèlerinage et où se trouvait une importante abbaye, édifiée à la suite de
l'apparition de l'archange saint Michel à saint Aubert, évêque d'Avranches (voir
Notice, page 12); 3. La longue barbe, aussi bien en pays musulman qu'en France,
est une mode du XIᵉ siècle. Au temps de Charlemagne les hommes laissaient volontiers pousser leurs moustaches. Blancandrin, Charlemagne, Olivier jurent par
leurs barbes. D'ailleurs, faire flotter sa barbe sur la cuirasse est, à l'époque
féodale, un geste de défi.

QUESTIONS

SUR LA LAISSE 3. — Quels sont les traits du caractère de Blancandrin
qui apparaissent? Quelle attitude politique symbolise-t-il face à ceux
qui ne songent qu'à l'éventualité d'une guerre malheureuse? Les exagérations numériques : citez-en d'autres exemples dans la *Chanson*.
Quel effet l'auteur cherche-t-il à en tirer?

SUR LA LAISSE 4. — Pourquoi cette laisse est-elle composée de deux
parties si inégales? L'effet obtenu par cette composition. — Comment
Blancandrin s'y est-il pris pour dévoiler progressivement les avantages
de son plan? — La morale des païens : font-ils beaucoup de cas de la
vie de leurs otages? A quoi sont-ils surtout attachés?

5

Le roi Marsile a levé son conseil. Alors il appela Clarin de Balaguer[1], Estamarin et Eudropin, son pair, et Priamon et Guarlan le Barbu, et Machiner et son oncle Maheu, et Joüner et Malbien d'outre-mer, et Blancandrin, pour exposer sa mission. Parmi les plus félons, il en a pris dix à part : « Seigneurs barons, vous allez vous rendre auprès de Charlemagne. Il assiège la cité de Cordres[2]. En vos mains vous porterez des branches d'olivier[3], ce qui signifie paix et humilité. Par votre savoir-faire si vous pouvez me ménager un accord, je vous donnerai quantité d'or et d'argent, des terres et des fiefs tant que vous voudrez. » Les païens disent : « Nous sommes comblés! »

6

Le roi Marsile a levé son conseil. Il dit à ses hommes : « Seigneurs, vous irez. En vos mains vous porterez des branches d'olivier, et vous me direz au roi Charlemagne que pour son Dieu il me fasse merci. Il ne verra passer ce premier mois que je ne le rejoigne avec mille de mes fidèles, et je recevrai la loi chrétienne et je serai son homme en tout amour et toute foi. S'il veut des otages, il en aura vraiment. » Blancandrin dit : « Vous en retirerez un excellent accord. »

---

1. *Balaguer* : ville située en Catalogne, à trois lieues de Lérida. Elle est le point extrême de la conquête de Charlemagne. Roland rappellera à la laisse 14 son rôle lors de la prise de la ville; 2. *Cordres* : peut-être Cordoue, ville d'Espagne; mais cette ville, située en Andalousie (sud de l'Espagne), n'a jamais été conquise par Charlemagne; 3. Le rameau d'olivier est un souvenir classique : dans *l'Enéide*, par exemple, le héros envoie au roi du Latium cent ambassadeurs portant des rameaux d'olivier, arbre consacré à Minerve. Puis, à Pallas, Énée offre aussi un rameau d'olivier. Un tel détail prouve que le poète de *la Chanson de Roland* connaissait ses classiques latins.

--- **QUESTIONS** ---

Sur la laisse 5. — Le progrès de l'action : pourquoi Marsile met-il sa confiance dans les plus félons pour accomplir cette mission? Est-ce par dévouement à leur roi ou à leur religion qu'ils acceptent d'être les ambassadeurs de Marsile?

Sur la laisse 6. — Comparez cette laisse à la précédente : les éléments communs et les éléments nouveaux. Pourquoi Marsile peut-il maintenant préciser les termes du message à transmettre à Charlemagne? — Quel rythme la répétition de certains termes donne-t-elle au récit? Sur quels détails est ainsi attirée l'attention de l'auditeur du poème?

Marsile fit amener dix blanches mules que lui avait ame-
nées le roi de Suatilie[1]. Les freins sont d'or, les selles serties
d'argent. Les porteurs du message sont montés; en leurs
mains ils portent des branches d'olivier. Ils sont arrivés
auprès de Charles qui gouverne la France. Il ne peut se
défendre : ils le tromperont.

L'ASSEMBLÉE DES FRANÇAIS

8   vers 96-121

L'empereur se fait gai et joyeux : il a pris Cordres[2]. Il a
enfoncé les murailles. Avec ses échafauds il en a abattu les
tours. Un immense butin est entre les mains de ses chevaliers :
or, argent, précieuses armures. En la cité, il n'est pas resté
de païen qui n'ait été occis ou soit devenu chrétien. L'empereur est en un grand verger; près de lui, Roland et Olivier[3],
le duc Samson et Anséis le fier, Geoffroy d'Anjou, gonfalonier du roi, et là furent encore et Gérin et Gérier; et dans
le même lieu il y en avait aussi bien d'autres. De douce
France, ils sont quinze milliers. Sur de blancs tapis sont assis
ces chevaliers. Ils jouent au trictrac[4] pour se divertir, et aux

---

1. *Suatilie :* on a identifié ce nom tantôt à la Sicile, tantôt à Séville, sans aucune
certitude; 2. Voir la note 2 de la page 28; 3. Roland et Olivier vont jouer un rôle
considérable dans *la Chanson de Roland.* L'origine de leur amitié est racontée
dans *la Chanson de Girart de Viane* (de Vienne). Ce Girart, fils de Garin de Mon-
glane, était en lutte contre Charlemagne, son suzerain. Il y eut finalement combat
en champ clos pour décider de l'issue du conflit : Roland, neveu de Charlemagne,
et Olivier, neveu de Girart, furent les deux champions. Roland vainquit Olivier
et obtint pour sa victoire la main de la sœur d'Olivier, la belle Aude, enjeu et gage
de la réconciliation. De ce duel, où les deux héros avaient éprouvé mutuellement
leur vaillance et leur loyauté, date l'amitié de Roland et d'Olivier. Bien entendu,
il est impossible de savoir si cette tradition est antérieure à *la Chanson de Roland*,
ou si elle a été imaginée après coup pour expliquer l'amitié qui lie Roland et Olivier
(voir aussi la note 3 de la page 33); 4. Traduction approximative du mot *fables*,
qui désignait un jeu comportant des dés et des pions; on déplaçait ceux-ci sur un
tableau à compartiments. C'est l'origine du jeu qu'on appellera plus tard *trictrac*,
ancêtre du jeu de jacquet.

QUESTIONS

SUR LA LAISSE 7. — Les éléments pittoresques de la description. — A
la fin de la laisse, le dénouement est révélé : l'intérêt en est-il moins
intense?

● SUR L'ENSEMBLE DES LAISSES 2 À 7. — Quelle impression dominante
laisse ce tableau du camp païen? Les sentiments des Sarrasins face
à la menace que fait peser sur eux Charlemagne.

échecs les plus sages et les plus vieux, et les légers bache-liers[1] s'escriment. Sous un pin, près d'un églantier, ils ont installé un trône, fait tout d'or pur. Là est assis le roi qui tient douce France. Il a la barbe blanche[2] et tout fleuri le chef, le corps beau, le maintien fier. Si on le cherche, point n'est besoin de le désigner. Et les messagers mirent pied à terre, et le saluèrent en tout amour et tout bien.

9 vers 122-138

Blancandrin a parlé tout le premier. Il dit au roi : « Salut au nom de Dieu le Glorieux, que nous devons tous adorer! Voici ce que vous mande le roi Marsile, le preux. Il a beau-coup médité la loi qui sauve. De ses biens, il veut vous donner beaucoup, des ours et des lions, des vautres[3] tenus en laisse, sept cents chameaux et mille autours sortant de mue, quatre cents mulets chargés d'or et d'argent, cinquante chars que vous en ferez charger. Il y aura tant de besants[4] d'or fin que vous en pourrez largement payer vos soldats. En ce pays vous êtes assez demeuré. En France[5], à Aix, il vous convient bien de retourner. Là vous suivra, il l'affirme, mon seigneur. » L'empereur tend ses mains vers Dieu, baisse la tête et se met à songer.

10 vers 139-156

L'empereur garde la tête baissée. Jamais sa parole ne fut hâtive : telle est sa coutume, il parle à loisir. Quand il se

---

1. *Bachelier* : voir Lexique, page 22; 2. Dans toutes les chansons de geste, l'Em-pereur apparaît comme un vieillard. Dans *Gaydon*, il a même 215 ans. En réalité, au moment de la bataille de Roncevaux, il avait 36 ans. D'autre part, les quelques représentations authentiques qu'on a de Charlemagne et des nobles de cette époque prouvent qu'on portait alors la moustache, mais non la barbe (voir la note 3 de la page 27); 3. *Vautre* : espèce de chien destiné à la chasse aux ours et aux san-gliers; 4. *Besant* : ancienne monnaie d'or en usage à Byzance; 5. *France* : voir la note 1 de la page 27.

QUESTIONS

SUR LA LAISSE 8. — Montrez la symétrie de ce passage avec la laisse 2. Quelle impression veut donner le poète? Cherchez les détails qui donnent à Charles une majesté sacrée (puissance à la fois matérielle et morale). — La cour de Charles d'après ce tableau : quelles indications trouvons-nous sur la hiérarchie féodale et sur la vie des chevaliers? — L'art de la mise en scène : montrez que cette laisse est jalonnée de détails, des-tinés à faire *voir* le cadre où vont se dérouler les scènes suivantes.

COMPLOT DE GANELON ET DE MARSILE

Miniature du XVᵉ siècle tirée des *Chroniques et Conquêtes de Charlemagne*, récit en prose qui conserve les épisodes traditionnels de la *Chanson*.

redressa, son visage exprimait une immense fierté. Il dit aux messagers : « Vous avez très bien parlé. Le roi Marsile est mon grand ennemi : des paroles que vous venez de prononcer, en quelle mesure pourrai-je être assuré? — Par des otages, dit le Sarrasin, dont vous aurez dix, quinze ou vingt. Dût-il y périr, j'y mettrai un mien fils, et vous en recevrez, je crois, de plus nobles encore. Quand vous serez en votre palais seigneurial, à la grande fête de Saint-Michel-du-Péril, mon seigneur vous suivra là, il l'affirme. En vos bains, que Dieu fit pour vous[1], c'est là qu'il voudra devenir chrétien. » Charles répond : « Il pourra encore faire son salut. »

11

vers 157-167

Le soir était beau et le soleil clair. Charles fait mettre à l'étable les dix mulets. Dans le grand verger, le roi fait dresser une tente, et là il a fait héberger les dix messagers; douze sergents ont pris la charge de leur assurer un bon service. Ils y restent la nuit jusqu'au lever du jour clair. De grand matin, l'empereur s'est levé, il a écouté messe et matines. Il s'en est allé sous un pin; il mande ses barons pour tenir son conseil : par ceux de France il veut être guidé en toutes voies.

---

1. Les Romains connaissaient déjà les sources d'eau chaude d'Aix. Mais ici le poète suit une tradition populaire selon laquelle un miracle aurait fait jaillir ces sources thermales pour Charlemagne.

─────── **QUESTIONS** ───────

Sur les laisses 9 et 10. — La composition de la laisse 9 est symétrique de plusieurs laisses précédentes : lesquelles? — Comment Blancandrin accomplit-il sa mission? Par comparaison avec les laisses 3 et 4, montrez que l'ambassadeur païen sait mettre en valeur, devant l'adversaire comme devant ses compatriotes, les avantages de ses propositions. — La part de la duplicité et celle de la franchise chez Blancandrin. L'attitude de Charlemagne : quelles qualités de bon monarque révèle-t-il dès l'abord? Semble-t-il deviner le piège?

Sur la laisse 11. — La description de la nature; la sobriété des détails nuit-elle au pittoresque?

12   vers 168-179

L'empereur s'en va sous un pin; pour tenir son conseil
il mande ses barons, le duc Ogier[1] et l'archevêque Turpin[2],
Richard le Vieux et son neveu Henri, et le preux comte de
Gascogne Acelin, Thibaud de Reims et Milon son cousin.
Vinrent aussi et Gérier et Gérin; et, avec eux, le comte Roland
et Olivier[3], le preux et le noble; des Francs de France ils
sont plus d'un millier; Ganelon y vint, qui fit la trahison[4].
Alors commence le conseil que devait suivre un grand malheur.

---

1. Ogier le Danois figure dans d'autres chansons de geste. On a cherché à l'identifier avec un personnage historique et on a abouti à un portrait composite. Cet
Ogier, en effet, est comte, parfois duc; à certains égards, on peut voir en lui le duc
Autcharius, qui tenta de défendre contre Charlemagne les droits de la femme et
des enfants de Carloman (frère de Charlemagne, mort en 771 et dont les domaines
furent immédiatement annexés par Charlemagne); Autcharius se serait retiré au
monastère de Saint-Faron à Meaux pour y mourir saintement, et sa légende aurait
eu pour point d'origine ce monastère. Rien ne s'oppose à ce qu'il soit Robert II
Courteheuse, duc de Normandie de 1087 à 1106; il peut être aussi Charles le Bon,
comte de Flandre, surnommé « le Danois ». Derrière lui, il y aurait plusieurs
chevaliers du XIe siècle, plus précisément plusieurs croisés; 2. L'archevêque Turpin,
selon une autre version, échappa au désastre de Roncevaux : plusieurs trouvères
se conformèrent à cette version et invoquèrent même son témoignage. En réalité,
à Reims, il y eut bien un archevêque Turpin, et il a signé une chronique dont les
vrais auteurs semblent avoir été un moine espagnol du XIe siècle et un moine de
Vienne du XIIe siècle. Signalons enfin que Boissonnade estime que Turpin n'est
autre que Manassès Ier, archevêque de Reims à partir de 1069. Excommunié par
le pape Grégoire VII, dont il n'avait pas accepté la réforme, Manassès Ier essaya
de lutter par les armes contre ceux qui devaient l'expulser, mais, ne recevant aucun
soutien du roi Philippe Ier, il dut capituler; 3. Olivier est ignoré des chroniques.
Pauphilet considère qu'il a été inventé de toutes pièces par le poète pour renou-
veler un thème, celui du compagnonnage guerrier. Le coup de génie a été de donner
à Roland et à Olivier, amis inséparables, des caractères opposés : l'un est téméraire, emporté; l'autre valeureux, réfléchi; 4. Dès ce moment, Ganelon est le traître.
Comme dans bon nombre de tragédies, l'auditeur sait, le poète sait. Seul le personnage principal ou plusieurs personnages, ou même tous les personnages, ignorent
et apprendront peu à peu. Le poète ne pouvait d'ailleurs procéder autrement, et
il est bien obligé d'anticiper sur l'histoire, comme pour son auditoire. Ce procédé
est à rapprocher de la manière dont Luc l'Évangéliste nomme d'abord onze apôtres,
puis présente le douzième, Judas, en ajoutant simplement « qui fuit proditor »,
formule qui se retrouve dans le *qui fit la trahison* de notre poète. Dans le *Tristan*
de Béroul, Guenelon est le nom d'un des trois barons félons qui poursuivent
Tristan et Iseut d'une haine implacable. D'autre part, avec la geste de *Doon de
Mayence*, à peu près contemporaine de *la Chanson de Roland*, et où est stigmatisée
la trahison des Mayençais envers Sigebert II, roi d'Austrasie, naît une lignée de
personnages de traîtres. Il est probable que, dès notre *Chanson*, le traître est un
personnage traditionnel qui peut figurer dans tout poème épique.

■ QUESTIONS ■

SUR LA LAISSE 12. — L'énumération des principaux membres du
conseil; quelle impression cette suite de noms est-elle destinée à créer?
— Pourquoi annoncer à l'avance la trahison de Ganelon? Est-ce enlever
de l'intérêt dramatique aux événements? Compte-t-on sur l'effet de
surprise pour soutenir l'intérêt?

13

« Seigneurs barons, dit l'empereur Charles, le roi Marsile m'a envoyé ses messagers. De son bien il me veut donner une grande masse, ours et lions et vautres[1] à mener en laisse, sept cents chameaux et mille autours en mue, quatre cents mulets chargés d'or d'Arabie, et avec cela plus de cinquante chars. Mais il me mande que je m'en aille en France : il me suivra à Aix, en ma demeure, et il recevra notre loi, la plus rédemptrice; il sera chrétien, de moi il tiendra ses marches[2]; mais je ne sais quelle est à ce sujet sa vraie pensée. » Les Français disent : « Il nous convient de nous méfier! »

14

L'empereur a développé son point de vue. Le comte Roland, qui n'y souscrit pas, sur ses pieds se dresse et présente sa contradiction[3]. Il dit au roi : « C'est pour votre malheur que vous croirez Marsile! Il y a sept ans tout pleins que nous arrivâmes en Espagne. Je vous ai conquis et Noples et Commibles; j'ai pris Valterne et la terre de Pine, et Balaguer, et Tudèle, et Sezille[4] : alors le roi Marsile agit tout à fait en traître. De ses païens, il en envoya quinze, et chacun portait une branche d'olivier; ils prononcèrent ces même paroles que maintenant. A ce sujet vous prîtes conseil de vos Français; et ils vous conseillèrent avec quelque légèreté. Vous envoyâtes deux de vos comtes aux païens, l'un était Basan, l'autre Basile. Dans la montagne, sous Haltilie,

---

1. *Vautre* : voir la note 3 de la page 30; 2. *Marche* : province militaire établie aux frontières d'un empire; 3. L'argumentation de Roland est parfaitement logique; les trahisons de Marsile étaient coutumières. Dans une chanson intitulée *la Guerre d'Espagne* ou *la Prise de Pampelune*, il est dit qu'il avait tué un certain Guron, représentant de Charles; 4. Ces noms sont difficiles à identifier; on reconnaît cependant Valtierra, Pina (près de Saragosse), Balanguer (en Catalogne), Tulède (aux frontières de l'Aragon, de la Castille et de la Navarre) et peut-être Séville, placée par erreur dans le nord de l'Espagne. — Pour *Noples*, l'interprétation la plus vraisemblable serait donnée par Boissonnade : il s'agirait du château fort de Nopal, qui commandait la route de Barbastro aux Pyrénées et autour duquel on se battit souvent pendant les croisades d'Espagne.

■ **QUESTIONS** ─────────────────────

Sur la laisse 13. — Comparez cette laisse à la laisse 9 : la répétition presque textuelle des promesses de Blancandrin n'est-elle qu'un procédé formel? Pourquoi Charlemagne énumère-t-il si exactement toutes les concessions faites par les Sarrasins? — Laisse-t-il percer beaucoup de méfiance? Pourquoi cette discrétion?

il leur coupa la tête. Faites la guerre comme vous l'avez commencée. A Saragosse amenez votre armée assemblée par un ban[1], faites-en le siège, dût-il durer toute votre vie, et vengez ceux que le félon fit tuer. »

15 vers 214-229

Du coup l'empereur tient la tête baissée. Il lisse sa barbe, arrange sa moustache, ne répond ni oui ni non à son neveu. Les Français se taisent, hormis Ganelon. Sur ses pieds il se dresse, et il vient en face de Charles; très hautain, il développe sa pensée et dit au roi : « C'est pour votre malheur que vous en croirez un insensé, moi ou tout autre, s'il ne parle pas pour votre intérêt. Quand le roi Marsile vous mande qu'il deviendra mains jointes votre homme et qu'il tiendra toute l'Espagne comme un don de votre part, qu'ensuite il recevra la loi que nous observons, celui qui vous conseille que nous rejetions cet accord, il lui importe peu, sire, de quelle mort nous mourrons. Un conseil dicté par l'orgueil, il n'est pas juste qu'il l'emporte; laissons les fous et tenons-nous aux sages! »

16 vers 230-243

Après lui, Naimes s'est avancé : il n'y avait en la Cour nul meilleur vassal, et il dit au roi : « Vous avez bien entendu

---

1. *Ban :* appel au service militaire.

─────── **QUESTIONS** ───────

Sur la laisse 14. — La première image de Roland : quels traits de caractère se révèlent dès cette première intervention? La logique de sa démonstration et la valeur de ses arguments ne sont-elles pas compromises par son manque de diplomatie?

Sur la laisse 15. — Comment apparaît Ganelon dès son entrée en scène? Quel est le sentiment qui le domine? — A-t-il déjà l'intention de trahir? Montrez que pourtant on peut dès maintenant prévoir sa trahison : quelle est en effet chez lui la préoccupation qui semble faire écho à celle de Blancandrin à la laisse 3? — La signification que prend le silence des autres barons pendant ce duel entre Roland et son « parâtre ». — Quelle serait notre réaction devant ces deux avis opposés, si les personnages n'étaient pas « marqués » à l'avance par le poète pour le rôle qu'ils doivent jouer?

la réponse que vous a faite le comte Ganelon : elle est sensée; il n'y a qu'à la suivre[1]. Le roi Marsile est vaincu dans sa guerre : vous lui avez enlevé tous ses châteaux; avec vos pierriers[2], vous avez brisé ses murailles, brûlé ses cités et vaincu ses hommes. Aujourd'hui qu'il vous mande d'avoir merci de lui, lui en faire pis serait péché. Du moment qu'il veut vous donner en garantie des otages, cette grande guerre ne doit pas aller plus loin. » Les Français disent : « Le duc a bien parlé! »

17
vers 244-251

« Seigneurs barons, qui y enverrons-nous, à Saragosse, au roi Marsile? » Le duc Naimes répond : « J'irai, par votre congé! Donnez-m'en sur le champ le gant et le bâton[3]. » Le roi dit : « Vous êtes homme de grande sagesse : par ma barbe et ma moustache, vous n'irez pas cette année si loin de moi. Allez vous asseoir, puisque nul ne vous a demandé! »

18
vers 252-263

« Seigneurs barons, qui pourrons-nous envoyer là-bas, auprès du Sarrasin qui tient Saragosse? » Roland répond : « Je puis y aller très bien! — Non certes », dit le comte Olivier. « Votre cœur est terrible et orgueilleux : en moi-même je craindrais que vous vous querelliez. Si le roi veut, j'y puis bien aller. » Le roi répond : « Tous deux, silence à ce

---

1. *Naimes* a été aussi identifié avec un personnage historique : il s'agirait de Raimond IV, comte de Saint-Gilles, affirme Boissonnade; il serait plus prudent de s'en tenir à l'affirmation de G. Paris : « Naimes, ou Naimon de Bavière, est le Nestor de l'épopée française; il joue auprès de Charlemagne le rôle de conseiller prudent et dévoué. On ne trouve dans l'histoire aucun personnage qui puisse paraître lui avoir servi de modèle »; **2.** *Pierrier* : machine de guerre qui projette des pierres; sorte de catapulte; **3.** Le gant et le bâton sont des symboles féodaux : ils intervenaient dans toute cérémonie d'investiture, par exemple à propos d'un fief ou d'une fonction. On jetait le gant pour une assignation à comparaître en justice ou pour une provocation en duel : *jeter le gant*, c'était provoquer; *tendre le gant*, c'était se soumettre. Le bâton, dès l'Antiquité, était l'emblème de l'ambassadeur.

QUESTIONS

Sur la laisse 16. — Le rôle d'arbitre tenu par Naimes; au nom de quel principe donne-t-il son appui à l'avis de Ganelon? — L'effet dramatique produit sur l'auditeur qui sait que l'action est nouée. Quelle fatalité est en train de jouer?

Sur la laisse 17. — Montrez l'importance de ce nouveau problème pour l'évolution de l'action. De quel caractère est cette mission? Quelles qualités sont requises pour la remplir?

sujet! Ni vous ni lui n'y porterez les pieds. Par cette barbe que vous voyez blanchissante[1], malheur à qui jugera qu'un pair[2] doit y aller! » Les Français se taisent. Les voilà interdits.

19

Turpin de Reims se lève hors de son rang et dit au roi : « Laissez vos Francs en repos; vous êtes resté sept ans en ce pays; ils ont eu beaucoup de peines et d'angoisses. Sire, donnez-moi le bâton et le gant; j'irai, moi, vers le Sarrasin d'Espagne; j'irai voir un peu comment il est fait. » Mais l'empereur répond avec colère : « Allez vous asseoir sur ce tapis blanc, et ne parlez plus, si ce n'est sur mon ordre. »

20

« Francs chevaliers, dit l'empereur Charles, choisissez-moi un baron de ma marche, qui porte au roi Marsile mon message. » Roland lui dit : « Ce sera Ganelon, mon

---

1. Voir la note 2 de la page 30; **2.** En droit féodal, les *pairs* étaient, à l'origine, les vassaux d'un même suzerain, assujettis aux mêmes devoirs. Ce nom fut ensuite réservé surtout aux vassaux les plus puissants, qui formaient autour du suzerain une sorte de cour et aussi un conseil. Les douze pairs qui entourent Charlemagne, et dont le nombre avait été sans doute fixé par analogie avec les douze apôtres, ne correspondent à aucune vérité historique, mais transposent, à l'époque carolingienne, une institution de l'époque féodale. Les pairs étaient les suivants : Roland, Olivier, Gérin, Gérier (ce personnage vivait au IXe siècle; sa légende vient des abbayes de Vézelay et de Pothières, en Bourgogne), Bérenger, Othon, Samson, Engelier, Ivon, Ivoire, Anséis, Girart de Roussillon. Cette liste varie d'ailleurs d'un poème à l'autre. Plusieurs poèmes épiques du XIIIe siècle, dont *Fierabras*, qui relate la conquête des reliques de la Passion, et *Otinel*, où intervient Garsile, roi sarrasin d'Espagne, exaltent les exploits des douze pairs.

--- **QUESTIONS** ---

SUR LA LAISSE 18. — Quelles indications précieuses nous donne l'intervention d'Olivier? Pourquoi Charlemagne ne veut-il pas se séparer de l'un de ses pairs?

SUR LA LAISSE 19. — Les motifs qui poussent Turpin à intervenir; étant donné sa qualité et son rang, peut-il avoir des chances de convaincre Charlemagne? Justifie-t-il habilement la demande qu'il présente?

SUR LES LAISSES 17 à 19. — A propos de ces trois laisses, commentez le jugement d'E. Faral : « C'est Naimes qui, ayant parlé en faveur d'un accord, s'estime tenu d'en revendiquer tous les risques; c'est Roland qui, ayant parlé pour la continuation de la guerre, prétend, du moment qu'il y a danger, porter le message de paix; c'est Olivier qui, par amitié et craignant la vivacité de Roland, réclame la mission pour lui-même; c'est Turpin qui, pour tout arranger et laisser un peu de repos à tant de vaillants guerriers, demande à être désigné. »

parâtre[1]. » Les Français disent : « Certes, il le peut très
bien faire. Si vous ne le prenez pas, vous n'en enverrez pas
de plus sage. » Le comte Ganelon est tout saisi d'angoisse;
de ses épaules, il rejette ses grandes peaux de martre, et
reste en son bliaut[2] de soie. Il a les yeux vairs[3], et le visage
très fier; il a un corps bien fait et la poitrine large. Il est
si beau que tous ses pairs l'admirent. Il dit à Roland : « Fou,
quelle rage te prend? On sait très bien que je suis ton
parâtre, et tu me désignes pour que j'aille vers Marsile!
Si Dieu me donne d'en revenir, je te causerai un si grand
dommage qu'il durera toute ta vie. » Roland répond : « Ce
sont paroles orgueilleuses et folles que j'entends là. On sait
fort bien que je n'ai cure des menaces. Mais c'est un homme
sage qu'il faut pour l'ambassade. Si le roi y consent, je suis
prêt à aller à votre place. »

21 vers 296-302

Ganelon répond : « Tu n'iras pas pour moi. Tu n'es pas
mon vassal, et je ne suis pas ton seigneur. Charles me commande de faire son service : j'irai vers Marsile, à Saragosse;
mais j'y ferai quelque folie, avant que je n'apaise ma grande
colère. » Quand Roland l'entend, il se met à rire.

22 vers 303-309

Quand Ganelon voit que Roland rit de lui, il en a si
grande douleur qu'il pense éclater de colère; peu s'en faut
qu'il n'en perde le sens. Il dit au comte : « Je ne vous aime
pas; vous avez fait tomber sur moi ce choix perfide. Juste

---

1. Ganelon a épousé en secondes noces la sœur de Charlemagne; Roland était
né du premier mariage; 2. *Bliaut :* sorte de tunique assez courte; 3. *Vair :* de couleur changeante. C'est l'un des traits traditionnels de la beauté, au Moyen Age.

——— QUESTIONS ———

Sur la laisse 20. — Commentez cette laisse en partant de l'analyse
de J. Bédier : « Parmi les barons, Roland a cherché, pour le désigner
à Charles comme messager, le plus vaillant, le plus sage : il a trouvé
Ganelon. Il pense lui faire honneur, et tous le comprennent ainsi,
et Ganelon lui-même le comprendrait ainsi si un autre que Roland
l'avait désigné ; mais il se méprend, il croit que Roland veut sa mort,
et sa méprise vient de ce qu'une haine obscure, ancienne, dont lui-même
ne sait pas encore toute l'intensité, l'anime contre son *fillâtre*. » — Le
personnage de Ganelon : pourquoi le poète lui prête-t-il une beauté qui
ne peut que susciter l'admiration de l'auditeur ? Son angoisse naît-elle
de la lâcheté ? — La réponse de Roland (fin de la laisse) peut-elle
apaiser Ganelon ?

empereur, vous me voyez ici présent; je veux accomplir votre commandement. »

23

« A Saragosse, je sais bien qu'il me faut aller. Quiconque y va n'en peut pas revenir. Sire, souvenez-vous surtout que ma femme[1] est votre sœur, et que d'elle j'ai un fils : on n'en pourrait trouver de plus beau. C'est Baudoin, dit-il, qui sera un preux. A lui, je laisse mes domaines et mes fiefs. Veillez sur lui, car je ne le verrai plus de mes yeux. » Charles répond : « Vous avez trop tendre cœur. Puisque je vous le commande, vous y devez aller. »

24

Le roi dit : « Ganelon, avancez, et recevez le bâton et le gant[2]. Vous l'avez entendu, les Français vous désignent. — Sire, dit Ganelon, c'est Roland qui a tout fait; je ne l'aimerai jamais, durant toute ma vie, ni Olivier, parce qu'il est son compagnon, ni les douze pairs, parce qu'ils l'aiment tant. Je les défie, sous vos yeux. » Le roi lui dit : « Vous avez trop de courroux; vous irez, certes, puisque je le commande. — J'y puis aller, mais je n'aurai nulle sauvegarde, pas plus que n'en eurent Basile et son frère Basan[3]. »

25

L'empereur tend à Ganelon le gant de sa main droite, mais le comte aurait bien voulu n'être pas là; au moment

---

1. C'est la première fois qu'il est fait allusion à la femme de Ganelon, sœur de Charlemagne. Une autre allusion suivra (laisse 27). Puis il ne sera plus question de ce personnage; 2. Voir note 3 de la page 36; 3. Il a déjà été question de Basan et de Basile (laisse 14) : Basan et Basile, ambassadeurs de Charlemagne, avaient été mis à mort par Marsile. C'est le sujet d'une chanson de geste du XIVe siècle, la Prise de Pampelune.

━━━━ QUESTIONS ━━━━

SUR LES LAISSES 21 ET 22. — Pourquoi Roland rit-il de son « parâtre »? Montrez qu'ici se marque chez les deux personnages une différence d'âge. Soulignez la justesse dans la peinture des sentiments.

SUR LA LAISSE 23. — Pourquoi Ganelon s'obstine-t-il à penser que sa mission l'envoie inévitablement à la mort? Qu'y a-t-il d'émouvant dans la façon dont il fait son testament? — Le personnage nous est-il foncièrement antipathique? Que signifie exactement la remarque de Charlemagne?

SUR LA LAISSE 24. — Est-il exact que les Francs aient désigné Ganelon? Quel effet produit sur celui-ci le fait que l'empereur ait prononcé cette phrase? Montrez comment la scène est aussi bien conçue du point de vue psychologique que s'il s'agissait d'un drame. — Soulignez la violence hautaine du défi lancé par Ganelon (comparez avec la laisse 273).

kaiolus
impaint

magnus
frauus +t

CHARLEMAGNE
PAR
ALBERT DÜRER
Musée
de Nuremberg.
La figure
légendaire
de l'Empereur est,
à l'époque de la
Renaissance, défi-
nitivement fixée.

Phot. Larousse.

CHARLEMAGNE FONDATEUR D'AIX-LA-CHAPELLE

Cette estampe de 1615 célèbre le souvenir de l'Empereur,
qui tient en main la chapelle Palatine, où se trouve son tombeau.
A gauche et à droite de l'Empereur, les petites silhouettes d'Olivier et de Roland, inséparables de la légende de Charlemagne.

où il devait le prendre, le gant tombe à terre, et les Français disent : « Dieu! quel présage est-ce donc? De ce message va sortir pour nous grand malheur. — Seigneurs, dit Ganelon, vous en entendrez des nouvelles. »

26

vers 337-341

« Sire, dit Ganelon, donnez-moi votre congé[1]; puisqu'il me faut partir, il ne me sert de tarder. » Le roi dit : « Allez, par le congé de Jésus et le mien! » De sa main droite, il l'absout et fait sur lui le signe de la croix[2]. Puis il lui donne le bâton et le bref[3].

---

1. Le *congé* est ici l'autorisation de partir; 2. L'empereur donne sa bénédiction à celui qu'il envoie : ce geste souligne le caractère sacerdotal que prend la royauté. De même, à la laisse 222, l'empereur bénit ceux qui partent à la bataille; 3. *Bref* : courte lettre contenant le texte du message. Les manuscrits de Venise ajoutent ici les conditions que Charlemagne impose à Marsile : celui-ci doit reconnaître la suzeraineté de Charlemagne, recevoir le baptême et, en outre, accepter des mains de l'empereur, en fief, la moitié de l'Espagne, l'autre allant à Roland; sinon, Saragosse sera assiégée, Marsile conduit enchaîné à Aix-la-Chapelle et solennellement exécuté. Aucune de ces conditions ne figure dans le manuscrit d'Oxford.

QUESTIONS

SUR LA LAISSE 25. — La valeur dramatique de ce présage; que conclure de cet incident sur la construction d'ensemble du poème? — Cet incident, tout en ayant une valeur prémonitoire, ne s'explique-t-il pas par des raisons purement humaines? Quelle explication le poète suggère-t-il?

SUR LA LAISSE 26. — Étudiez le pathétique et la progression dramatique dans ce passage. — La psychologie des personnages : en quoi est-elle stylisée, mais non grossière? — Le personnage de Ganelon : cherchez en lui les traits qui annoncent le traître; manque-t-il cependant de tout courage? N'atteint-il pas une certaine grandeur, dans le défi par exemple? Pourquoi paraît-il raide? — Quel semble être le motif profond de la trahison dont il se rend coupable?

● SUR L'ENSEMBLE DES LAISSES 12 à 26. — Le conseil tenu par Charles : marquez-en les différentes phases et leur déroulement dramatique; comment se noue la tragédie?

— Les mœurs féodales d'après cette scène : les rapports du suzerain avec ses vassaux. Charles est-il le maître absolu des décisions à prendre?

— Étudiez la psychologie des principaux personnages engagés dans cette action : montrez que, sous leur parfaite simplicité et leur grande clarté, ces caractères sont cependant très vivants; comment le tempérament, la condition, les circonstances modèlent-ils la personnalité de chacun d'eux?

— Comparez ces laisses aux laisses 2 à 7 : quelle symétrie y a-t-il entre les deux tableaux?

— Certains éditeurs coupent la laisse 20 après *Vous n'en enverrez pas de plus sage*, puis insèrent la laisse 24 et ensuite la laisse 23 avant de poursuivre : *Le comte Ganelon est tout saisi d'angoisse*. Cette modification apportée au manuscrit d'Oxford se justifie-t-elle?

27 vers 342-365

Le comte Ganelon s'en va à son campement : il a soin
de s'équiper des meilleurs atours qu'il peut trouver. A ses
pieds, il a fixé des éperons d'or; à son côté, il a ceint Murgleis son épée. Il est monté sur Tachebrun son destrier. Son
oncle Guinemer lui a tenu l'étrier. Là vous eussiez vu tant
de chevaliers pleurer, qui tous lui disent : « Quel malheur
pour vous, le vaillant! En la cour du roi longtemps vous
avez été. On vous y considère comme un noble vassal. Celui
qui a jugé que c'était à vous d'y aller, Charlemagne ne pourra
le protéger ni le sauver. Le comte Roland n'eût pas dû avoir
cette idée, car vous êtes issu d'un trop haut lignage. » Ensuite,
ils disent : « Sire, emmenez-nous! » Ganelon répond : « Ne
plaise au Seigneur Dieu! Mieux est que je meure seul plutôt
que d'être suivi par tant de bons chevaliers. En douce France[1],
seigneurs, vous irez : de ma part, saluez ma femme, et Pinabel, mon ami et mon pair, et Baudoin mon fils, que vous
connaissez, accordez-lui votre aide et tenez-le pour votre
seigneur. » Il se met en route, et il est parti.

L'AMBASSADE DE GANELON

28 vers 366-376

Ganelon chevauche sous de hauts oliviers; il a rejoint les
messagers sarrasins et Blancandrin, qui ralentit sa marche;
tous deux échangent des propos pleins de malice : « Charles
est un homme merveilleux, dit Blancandrin : il a conquis
la Pouille et toute la Calabre[2], il a traversé la mer salée et

---

1. *France :* voir la note 1 de la page 27; 2. La *Pouille* et la *Calabre*, au sud de
l'Italie, constituaient des fiefs qui étaient passés sous le protectorat de Charlemagne; mais les conquêtes beaucoup plus récentes de Robert Guiscard, devenu,
avec l'assentiment du pape, duc de Pouille et de Calabre en 1059, peuvent expliquer aussi cette allusion. Quant au tribut payé par l'Angleterre au pape, il ne
correspond à aucun événement du règne de Charlemagne, mais la conquête de
l'Angleterre par Guillaume le Conquérant (1066) explique qu'on prête à Charlemagne des exploits accomplis postérieurement par d'autres.

QUESTIONS

SUR LA LAISSE 27. — Les éléments nécessaires pour complé-
ter le portrait d'un personnage qui joue un grand rôle dans le récit : quel
intérêt et quelle valeur accorder aux détails relatifs à l'épée, au destrier, etc. — Est-ce par simple flatterie que les vassaux de Ganelon
déplorent son départ? — L'apparition de Pinabel : quand le personnage reviendra-t-il en scène?

gagné pour saint Pierre le tribut de l'Angleterre. Mais que vient-il chercher en notre marche? — Telle est sa volonté, dit Ganelon; il n'y aura jamais homme de taille à se mesurer avec lui. »

29

vers 377-391

Blancandrin dit : « Les Français sont très nobles! Mais ces ducs et ces comtes font grand tort à leur seigneur, en lui donnant de tels conseils. Ils l'épuisent et le mènent à sa perte, lui et d'autres avec lui. » Ganelon répond : « Ce n'est vrai de personne, que je sache, sinon de Roland, qui un jour le regrettera. L'autre matin[1], l'empereur était assis à l'ombre; vint son neveu, revêtu de sa broigne[2]; il avait fait butin près de Carcassonne. En sa main, il tenait une pomme vermeille : « Tenez, beau sire, dit Roland à son oncle, je « vous offre les couronnes de tous les rois. » Son orgueil devrait bien le perdre, car, chaque jour, il s'expose à la mort. Vienne quelqu'un qui le tue, nous aurions pleine paix. »

30

vers 392-401

Blancandrin dit : « Roland est bien terrible, qui veut réduire à sa merci toute nation et revendique toutes les terres. Sur qui compte-t-il donc pour vouloir tant faire? » Ganelon répond : « Sur les Français! Ils l'aiment tellement qu'ils ne lui manqueront jamais. Il leur fait don de tant d'or et d'argent, de tant de mulets, de destriers, d'étoffes de soie et d'armures! L'empereur lui-même a tout ce qu'il veut. Il conquerra la terre d'ici jusqu'à l'Orient. »

---

1. Le texte porte *er matin*, « hier matin ». Mais il est évident que la scène ne pouvait se passer le jour immédiatement précédent à Carcassonne. Il faut donc entendre l'expression en un sens très large et placer l'action à une époque indéterminée; 2. *Broigne* : voir Lexique, page 24.

———— QUESTIONS ————

SUR LA LAISSE 28. — Comment s'ébauche déjà la trahison? Le rôle de Blancandrin. — Pourquoi Ganelon insiste-t-il sur la puissance de Charlemagne?

SUR LA LAISSE 29. — L'art du dialogue : comment chacun des deux interlocuteurs se sert-il de l'autre pour faire avancer ses propres desseins? Quelle complicité se noue progressivement entre Blancandrin et Ganelon?

SUR LA LAISSE 30. — Montrez que non seulement Blancandrin s'informe, mais qu'il pousse en même temps Ganelon à se compromettre davantage. — N'y a-t-il pas chez Ganelon quelque jalousie de la popularité de Roland? — Quelle résonance pouvait avoir sur les auditeurs du XIIe siècle l'allusion à la conquête de l'*Orient* par Charlemagne?

31   vers 402-413

Tant chevauchèrent Ganelon et Blancandrin qu'ils finirent
par engager leur foi et se promettre qu'ils chercheraient à
faire périr Roland. Tant ils chevauchèrent par voies et par
chemins, qu'arrivés à Saragosse, ils mettent pied à terre sous
un if. A l'ombre d'un pin se trouve un trône enveloppé de
soie d'Alexandrie : c'est là qu'est le roi qui tient toute l'Espagne; autour de lui, vingt mille Sarrasins; mais personne
ne dit ni ne souffle mot, tant ils ont hâte d'entendre les nouvelles. Enfin, voici Ganelon et Blancandrin.

32   vers 414-424

Blancandrin s'avance devant Marsile; par le poing, il
tient le comte Ganelon, et dit au roi : « Salut, au nom de
Mahomet et d'Apollon[1], dont nous suivons les saintes lois !
Nous avons porté votre message à Charles; il a levé ses
deux mains vers le ciel, loué son Dieu, sans faire autre
réponse. Il vous envoie un de ses nobles barons, homme de
France, et très puissant. Vous apprendrez de lui si vous
aurez la paix ou non. — Qu'il parle, dit Marsile, et nous
l'écouterons. »

33   vers 425-440

Mais le comte Ganelon avait longuement réfléchi : il
commence à parler avec beaucoup d'art, comme un homme

---

1. *Apollon :* voir note 3 de la page 25.

─────── QUESTIONS ───────────────────

Sur la laisse 31. — Pourquoi le poète résume-t-il la fin de la conver-
sation entre Blancandrin et Ganelon?

● Sur l'ensemble des laisses 28 à 31. — Durant ces quatre laisses,
quel événement le poète prépare-t-il? En quoi chaque réplique de
Blancandrin et de Ganelon y conduit-elle?

— Montrez que, dans tout ce passage, Ganelon insiste sur l'importance particulière de Roland, sans qui Charlemagne ne serait rien.
En comparant cette indication avec les laisses 14, 157, 207, 208 en
particulier, tirez-en une remarque sur la composition de *la Chanson de
Roland.*

— Quel effet produit sur le lecteur ou l'auditeur l'attente des Sarrasins?

Sur la laisse 32. — La composition de la laisse 32 vous rappelle
certainement la composition d'autres laisses précédentes : lesquelles?
Quel effet produit cette ressemblance?

habile à le faire. Il dit au roi : « Salut au nom de Dieu, du Glorieux que nous devons adorer! Voici ce que vous mande Charlemagne, le preux : vous recevrez le saint baptême, il vous donnera en fief la moitié de l'Espagne. Si vous ne consentez point à cet accord, vous serez pris et lié de force, on vous conduira jusqu'à Aix, la capitale, et là un jugement mettra fin à votre vie; vous mourrez de mort honteuse et vile. » Le roi Marsile en fut tout effrayé; il tenait une flèche empennée d'or; il veut frapper Ganelon, mais les siens le retiennent.

34

vers 441-450

Le roi Marsile a changé de couleur, il brandit sa flèche; Ganelon le voit, met la main à son épée, et, de la longueur de deux doigts, il la sort du fourreau. Puis il dit : « Mon épée, vous êtes belle et claire; tant que je vous tiendrai, en la cour de ce roi, l'empereur de France ne pourra pas dire que je serai mort tout seul en la terre étrangère, car, avant que je meure, les meilleurs vous auront payée de leur vie. » Les païens disent : « Empêchons la bataille. »

35

vers 451-467

Les meilleurs Sarrasins ont tant prié Marsile, qu'il s'est rassis sur son trône. Le calife[1] dit : « Vous vous mettiez en mauvaise situation en voulant frapper le Français : vous auriez dû l'écouter et l'ouïr. — Sire, dit Ganelon, je consens à subir cet affront; mais, pour tout l'or que Dieu fit et pour tous les trésors de ce pays, je ne laisserai pas de lui

---

1. Ce *calife* est l'oncle de Marsile. Il apparaît de nouveau aux laisses 37 et 38.

■ QUESTIONS ■

SUR LA LAISSE 33. — Comparez le *salut* de Blancandrin et le *salut* de Ganelon (voir aussi la laisse 9); quel est l'intérêt de nous signaler que Ganelon a « longuement réfléchi avant de parler »? Sur quoi insiste-t-il dans son discours? Manque-t-il à la mission dont il a pris la responsabilité?

SUR LA LAISSE 34. — Ganelon apostrophe son épée : cherchez d'autres passages de *la Chanson de Roland* où ce lieu commun de la poésie épique médiévale se retrouve. Quelle valeur dramatique prend ce jeu de scène? Que révèle-t-il sur la psychologie du personnage? — Les jeux de scène : gestes, changements de physionomie. Montrez qu'ils sont intimement liés à l'action : chacun d'eux exprime un trait de caractère ou une émotion.

dire, si on m'en laisse le loisir, le message que Charles, le roi tout-puissant, lui mande par moi comme à son mortel ennemi. » Ganelon était vêtu d'un manteau de zibeline, recouvert de soie d'Alexandrie. Il le jette à terre[1], et Blancandrin le reçoit; mais il se garde bien de quitter son épée, il la tient en son poing droit, par le pommeau doré. Les païens disent : « Voici un noble baron[2]. »

36

vers 468-484

Ganelon s'approche du roi et lui dit : « Vous vous courroucez à tort; car voici ce que vous mande Charles, qui tient la France : recevez la foi chrétienne; il vous donnera en fief la moitié de l'Espagne, et son neveu Roland aura l'autre moitié : vous aurez là un orgueilleux voisin. Si vous ne consentez pas à cet accord, Charles va faire le siège de Saragosse : vous serez pris et lié de force, on vous conduira tout droit jusqu'à Aix, la capitale. Vous n'aurez ni palefroi ni destrier[3], ni mulet ni mule que vous puissiez chevaucher. Vous serez jeté sur un mauvais cheval de somme; un jugement vous condamnera à avoir la tête tranchée. Notre empereur vous envoie ce bref[4]. » Et il le tend au païen, dans le poing droit.

37

vers 485-500

Marsile, de rage, blêmit : il rompt le sceau, en jette la cire, parcourt le bref, en voit le contenu : « Charles, qui tient la France, me mande de me souvenir de sa douleur et de sa colère : il s'agit de Basan et de son frère Basile,

---

1. Jeter son manteau — ou son gant — était un signe de défi; celui qui le ramassait relevait le défi (voir la note 3 de la laisse 17); **2.** *Baron :* homme valeureux, chevalier (sens général, comme souvent dans ce texte); **3.** *Destrier :* voir Lexique, page 23; **4.** *Bref :* voir note 3 de la page 42.

QUESTIONS

Sur la laisse 35. — Le rôle du calife : à quel personnage de la cour de Charlemagne fait-il penser par sa tentative de conciliation? Sagesse et prouesse s'opposent-elles dans la morale des chevaliers? L'obstination de Ganelon : quelle est toujours son attitude devant les appels au calme? — Les jeux de scène dans cette laisse.

Sur la laisse 36. — Comparez cette laisse à la laisse 33 : qu'est-ce qui justifie cette apparente répétition? Quels éléments nouveaux apparaissent cependant dans celle-ci? Leur importance.

dont j'ai fait couper la tête sur les monts d'Haltilie. Si je veux sauver la vie de mon corps, il faut que je lui envoie mon oncle le calife, car, autrement, il ne m'aimera plus. » Alors le fils du roi Marsile prend la parole, il dit au roi : « Ganelon a parlé comme un fou. Il a si mal agi qu'il n'a plus droit de vivre. Livrez-le-moi, et j'en ferai justice. » Quand Ganelon l'entend, il brandit son épée, et va s'appuyer contre le tronc du pin.

38

vers 501-511

Le roi Marsile s'en va dans son verger; il emmène avec lui ses meilleurs vassaux, et Blancandrin au poil chenu, et Jurfaret, son fils et son héritier, et le calife, son oncle et son fidèle. Blancandrin dit : « Appelez le Français, il m'a donné sa foi pour servir notre cause. » Le roi répond : « Allez me le chercher. » Blancandrin va prendre Ganelon aux doigts, par la main droite, et l'amène dans le verger, auprès du roi. Là, ils débattent l'infâme trahison.

39

vers 512-519

« Beau sire Ganelon, lui dit le roi Marsile, j'ai agi envers vous un peu follement, quand, dans mon emportement, je voulus vous frapper. Je vous en fais réparation, en vous offrant ces peaux de zibeline; l'or en vaut plus de cinq cents livres. Avant demain soir, je vous aurai payé là une belle amende. — Je ne les refuse pas, dit Ganelon; que Dieu, s'il lui plaît, vous récompense. »

40

vers 520-536

Marsile dit : « Ganelon, sachez-le, en vérité, j'ai à cœur de beaucoup vous aimer; je veux vous entendre parler de

─────── **QUESTIONS** ───────

SUR LA LAISSE 37. — Le bref de Charlemagne : connaissons-nous déjà exactement les motifs invoqués par Charlemagne et les conditions imposées par lui ? — Le rebondissement de l'action provoqué par le fils de Marsile.

SUR LA LAISSE 38. — Justifiez le choix de Marsile parmi ses conseillers. La révélation de Blancandrin : vraisemblance du moment; effet produit sur le roi. Expliquez l'intérêt des détails donnés à la fin de la laisse.

SUR LA LAISSE 39. — La réparation offerte à Ganelon : en quoi est-ce un trait de mœurs médiéval ? Quel sens prend-il pour les intéressés ?

Charlemagne; il est bien vieux, il a fini son temps; il a, que
je sache, deux cents ans passés[1]! Il a mené son corps par
tant de terres! Il a reçu tant de coups sur son bouclier! Il
a réduit tant de puissants rois à la mendicité! Quand donc
renoncera-t-il à guerroyer? » Ganelon répond : « Charles
n'est point ainsi; quiconque le voit et sait le connaître ne
peut que dire : l'empereur est un preux. Je ne saurais assez
le louer et le vanter devant vous, car il n'y a nulle part plus
d'honneur ni plus de bonté. Qui pourrait décrire sa grande
valeur? Dieu le fait briller d'une telle vertu qu'il aimerait
mieux mourir que de faillir à ses barons. »

41   vers 537-549

Le païen dit : « C'est pour moi grand sujet d'émerveille-
ment que Charlemagne; il est vieux et chenu; il a, que je
sache, deux cents ans et plus! Il a tourmenté son corps à
travers tant de terres! Il a reçu tant de coups de lance et
d'épieu[2]! Il a réduit tant de puissants rois à la mendicité!
Quand donc renoncera-t-il à guerroyer? — Ce ne sera certes
pas, dit Ganelon, tant que vivra son neveu. Sous la chape
du ciel, il n'est pas un tel preux; et c'est un vrai preux aussi
qu'Olivier, son compagnon; les douze pairs, que Charles
aime tant, forment l'avant-garde avec vingt mille chevaliers.
Charles est tranquille, et ne craint aucun homme. »

42   vers 550-562

Le Sarrasin dit[3] : « C'est pour moi grand sujet d'émerveil-
lement que Charlemagne; il est chenu et blanc; il a, que

---

1. Voir note 2 de la page 30; 2. *Epieu* : voir Lexique, page 24; 3. Les laisses 41
et 42 se ressemblent curieusement. Cette similitude a amené à s'interroger à la
fois sur l'authenticité du texte et sur la composition de l'œuvre. Il ne faut pas
perdre de vue les conditions d'une audition de ce texte : de temps à autre, il faut
rattraper l'attention d'un auditoire qui peut être gêné ou distrait; le trouvère se
répète et retarde ainsi la marche du récit. Ici, tout en répétant, il varie son texte.
La question de Marsile reparaît trois fois, mais jamais exactement sous la même
forme. Mais, comme à chaque question de Marsile correspond une réponse de
Ganelon, il y a par trois fois rupture du fil de l'entretien, puisque chaque fois
Marsile le ramène à son point initial.

■ **QUESTIONS**

SUR LA LAISSE 40. — En quoi le portrait contrasté de Charlemagne
cadre-t-il exactement avec ce que nous a appris le poète depuis le début
de la *Chanson?* Comparez ce passage aux laisses 28 et 29. Ganelon
exprime-t-il son vrai sentiment en faisant l'éloge de Charlemagne?

je sache, plus de deux cents ans. Il a passé par tant de terres
en les conquérant! Il a reçu tant de coups de bons épieux
tranchants! Il a tué et vaincu sur le champ de bataille tant
de puissants rois! Quand donc renoncera-t-il à guerroyer? —
Ce ne sera certes pas, dit Ganelon, tant que vivra Roland;
d'ici en Orient, il n'est pas un tel preux; et c'est un vrai
preux aussi qu'Olivier, son compagnon! les douze pairs,
que Charles aime tant, forment l'avant-garde avec vingt
mille Français. Charles est tranquille et ne craint homme
qui vive. »

43   <small>vers 563-579</small>

« Beau sire Ganelon, dit le roi Marsile, j'ai une belle
armée : vous n'en pourrez voir de plus belle; je peux avoir
quatre cent mille chevaliers; puis-je ainsi combattre Charles
et les Français? » Ganelon répond : « Non point cette fois.
Vous y perdriez des milliers de vos païens. Laissez la folie,
tenez-vous-en à la sagesse. Donnez tant de richesses à l'empereur qu'il n'y ait Français qui ne s'en émerveille; pour
vingt otages que vous lui enverrez le roi s'en retournera
en douce France. Il laissera derrière lui son arrière-garde.
Son neveu, le comte Roland, en sera, je crois, et avec lui
Olivier, le preux et le courtois. Si l'on veut m'en croire, les
deux comtes sont morts. Charles verra tomber son grand
orgueil et n'aura plus jamais désir de vous combattre. »

44   <small>vers 580-595</small>

« Beau sire Ganelon [dit le roi Marsile], comment m'y
prendre pour tuer Roland? » Ganelon répond : « Je sais

─────── **QUESTIONS** ───────

SUR LES LAISSES 41 ET 42. — Fauriel porte sur ce passage un jugement
sévère : « tirades perturbatrices ». Qu'en pensez-vous? Montrez que
ces redites correspondent au caractère de cette pénible négociation.
Pourquoi a-t-on cru voir dans ces deux laisses une preuve de la composition de *la Chanson de Roland* par remaniements successifs?

SUR LA LAISSE 43. — Montrez que nous arrivons ici au sommet de
l'action, préparé depuis la laisse 38. Ganelon fait-il des difficultés ou
hésite-t-il? La logique de son argumentation : comment accomplit-il
sa mission tout en satisfaisant sa haine personnelle? — Comment
Ganelon peut-il prévoir que Roland et Olivier seront à l'arrière-garde,
quand il a précisé aux deux laisses précédentes que les deux chevaliers
sont toujours à l'avant-garde?

bien vous le dire; le roi sera aux meilleurs ports de Cize[1]; derrière lui, il aura laissé son arrière-garde. Son neveu, le puissant comte Roland, en sera, et Olivier, en qui il a si grande confiance : ils auront vingt mille Français avec eux. Envoyez contre eux cent mille de vos païens; que ceux-ci leur livrent une première bataille; la gent de France y sera blessée et meurtrie. Il y aura aussi, je ne dis pas, grand massacre des vôtres. Puis, de même, livrez-leur une seconde bataille : de l'une ou de l'autre Roland n'échappera pas; vous aurez accompli là une belle prouesse et vous n'aurez plus de guerre de toute votre vie. »

45

vers 596-602

« Qui pourrait faire périr Roland là-bas enlèverait à Charles le bras droit de son corps. Adieu les merveilleuses armées! Charles n'assemblerait plus de telles forces, et la Grande Terre[2] resterait en repos. » Quand Marsile entend Ganelon, il le baise au cou; puis il commence à découvrir ses trésors.

46

vers 603-608

Marsile dit [...][3] : « Un accord n'est bon que [s'il est garanti.] Jurez-moi de trahir Roland, s'il vient là-bas. » Ganelon répond : « Qu'il en soit comme il vous plaît! » Sur les reliques de son épée Murgleis[4], il jure la trahison : la forfaiture est accomplie.

---

1. Région de Navarre toute proche de Roncevaux. Pour regagner la France, venant d'Espagne, l'armée devait traverser les gorges de Roncevaux (en territoire espagnol); ensuite seulement, il lui fallait franchir les défilés (les ports) de Cize (en territoire français); 2. La *Grande Terre* : le texte porte *Tere major*. Cette expression reparaît aux laisses 66, 76, 116, 125, 134. G. Paris l'interprétait ainsi : « Le royaume qui est plus grand que les autres. » J. Bédier traduit : « La terre des aïeux », en considérant *major* comme un nom complément. De toute manière, l'expression sert à désigner la France. Elle est employée même par les Sarrasins; 3. Le texte de cette laisse est altéré dans le manuscrit; 4. C'était l'usage d'enchâsser des reliques dans les pommeaux d'épées.

--------- **QUESTIONS** ---------

Sur les laisses 44 à 46. — A quoi voit-on que Ganelon a bien réfléchi à sa trahison, qu'il l'a préparée? En quoi est-il d'accord avec Marsile contre toute guerre future? Ce point de vue correspond-il à celui qu'il avait défendu devant le conseil de Charlemagne? — Montrez que, jusque dans la trahison, les usages féodaux sont respectés. Comment la *forfaiture* est-elle pire encore du fait du serment prêté par Ganelon?

47 vers 609-616

Il y avait un siège tout en ivoire. Marsile fait solennellement apporter un livre : il contient la loi de Mahomet et de Tervagant[1]. Il a juré, le Sarrasin d'Espagne, que, s'il trouve Roland à l'arrière-garde, il combattra lui et tous ses hommes, et, s'il peut, il l'y tuera vraiment. Ganelon répond : « Que votre désir s'accomplisse! »

48 vers 617-626

Et voici venir un païen, Valdabron. Il s'approche du roi Marsile. De son rire clair, il a dit à Ganelon : « Prenez mon épée; nul n'en a de meilleure : la garde, à elle seule, vaut plus de mille mangons[2]. Par amitié, beau sire, je vous la donne, afin que vous nous aidiez à propos de Roland le preux, que nous puissions le trouver à l'arrière-garde. — Ainsi sera fait », répond le comte Ganelon. Puis ils se baisèrent au visage et au menton[3].

49 vers 627-633

Après s'en vint un païen, Climborin; en riant clair, il a dit à Ganelon : « Prenez mon heaume, jamais je n'en vis de meilleur, et aidez-nous à propos de Roland le marquis[4], de telle sorte que nous le puissions honnir. — Ainsi sera fait », répondit le comte Ganelon. Puis ils se baisèrent sur la bouche et au visage.

50 vers 634-641

Alors s'en vint la reine Bramimonde : « Je vous aime fort, sire, dit-elle au comte, car mon seigneur et tous ses hommes

---

1. Tervagant est le troisième dieu de la Trinité sarrasine, laquelle comprend Apollon, Mahomet, Tervagant (voir note 3 de la page 25); 2. *Mangon :* pièce de monnaie; 3. La fin de chacune des laisses 48 et 49 décrit un rite de chevalerie : ces baisers faisaient partie de l'hommage; 4. Roland est exactement marquis; il est gouverneur de marche, c'est-à-dire de province frontière. Il nous est dit en effet qu'il était « comte de la Marche de Bretagne » *britannici limitis praefectus.* La même expression revient au vers 2031 (laisse 151).

─────── **QUESTIONS** ───────

SUR LA LAISSE 47. — Montrez que le serment de Marsile est parallèle à celui de Ganelon. En quoi son esprit diffère-t-il cependant? La réponse du Français : la part de sincérité personnelle n'atténue-t-elle pas — en l'expliquant — la trahison consommée sans hésitation, si l'on tient compte de la morale de l'orgueil, chère aux chevaliers?

ET SYRIAM SOBAL · ET CONVERTIT
IOAB · ET PERCVSSIT EDOM IN VAL
LE SALINARVM · XII MILIA ·

GUERRIERS CAROLINGIENS

Cette miniature du IXe siècle se trouve dans le Psautier de la
Bibliothèque conventuelle de Saint-Gall (Suisse). L'équipement
des cavaliers est très différent de ce qu'il sera au temps de la
Chanson.

vous prisent beaucoup. A votre femme, j'enverrai deux colliers, ils ne sont qu'or, améthystes, hyacinthes; ils valent plus que tout l'or de Rome; votre empereur n'en eut jamais d'aussi beaux. » Il les a pris et enfouis en son houseau.

51

vers 642-646

Le roi appelle Mauduit, son trésorier : « Les trésors de Charles sont-ils disposés? » Et il répond : « Oui, sire, au mieux : sept cents chameaux d'or et d'argent chargés, et vingt otages, des plus nobles qui soient sous le ciel. »

52

vers 647-660

Marsile a saisi Ganelon à l'épaule, et il lui a dit : « Tu es très preux et sage. Par cette loi que vous tenez pour la plus sauve, gardez de détourner encore de nous votre cœur! De mon bien je veux vous donner grande masse, dix mulets chargés de l'or le plus fin d'Arabie; il ne passera pas d'année que je ne vous fasse un autre tel présent. Voici les clefs de cette grande cité : ses grandes richesses, présentez-les au roi Charles, puis faites-moi assigner l'arrière-garde à Roland. Si je le puis trouver en quelque port ou passage, je lui livrerai une bataille à mort. » Ganelon répond : « Mon avis est que je m'attarde! » Puis il est monté à cheval, et le voilà en route.

● QUESTIONS

SUR LES LAISSES 48 À 50. — Ces laisses évoquent chacune une apparition : le plan de chacune d'elles est identique. Il y a pourtant de légères variations. Relevez les similitudes et les variations. Quel effet cette curieuse composition produit-elle? A quelle conception esthétique cela correspond-il?

SUR LES LAISSES 51 ET 52. — Quel effet produit le silence de Ganelon? Comparez-le à la prolixité de Marsile et à ses promesses. Montrez que, par là, Roland s'en trouve encore grandi. Les marques de reconnaissance de Marsile ne risquent-elles pas de devenir gênantes pour Ganelon (voir laisse 90)?

● SUR L'ENSEMBLE DES LAISSES 32 À 52. — Les différentes étapes de la mission de Ganelon. Pourquoi, après avoir déjà en cours de route laissé pressentir ses intentions à Blancandrin, prend-il devant le roi une attitude aussi provocante? Est-ce lâcheté ou cupidité?

— Si odieuse que soit la « forfaiture » de Ganelon, quelles qualités du preux a-t-il conservées?

— Outre sa vengeance contre Roland, Ganelon ne poursuit-il pas aussi un but politique?

ROLAND EST DÉSIGNÉ POUR L'ARRIÈRE-GARDE

53 vers 661-668

L'empereur s'approche de son pays. Il est parvenu en la cité de Galne. Le comte Roland l'a prise et détruite. De ce jour, elle en fut cent ans déserte. Le roi attend des nouvelles de Ganelon et le tribut d'Espagne, la Grande Terre. Par un matin à l'aube, comme le jour blanchissait, le comte Ganelon est arrivé au camp.

54 vers 669-702

L'empereur s'est levé matin. Le roi a entendu messe et matines. Sur l'herbe verte il se tenait debout devant sa tente. Roland était là et Olivier le preux, Naimes le duc et beaucoup des autres. Ganelon arrive, le félon, le parjure. Avec grande fourberie, il commence à parler. Il dit au roi : « Salut de par Dieu! De Saragosse je vous apporte les clefs; ayez-en bonne garde! Et vingt otages : faites-les bien garder! Et le roi Marsile le vaillant vous mande de ne pas le blâmer quant à l'Algalife[1], car, de mes yeux, j'ai vu quatre cent mille hommes en armes, revêtus du haubert, quelques-uns le heaume[2] lacé, ceints de leurs épées aux pommeaux d'or niellé[3], qui l'ont conduit jusqu'à la mer. Ils s'éloignaient de Marsile à cause de la loi chrétienne qu'ils ne voulaient ni tenir ni garder. Avant qu'ils eussent cinglé à quatre lieues, il y eut gros vent, et tempête, et orage : là, ils se sont noyés. Jamais vous n'en verrez plus un seul! Si l'Algalife était en vie, je vous l'eusse amené. Quant au roi païen, Sire, croyez vraiment que nullement vous ne verrez ce premier mois passer sans qu'il ne vous suive au royaume de France, et il recevra la loi que vous gardez, les mains jointes il suivra vos commandements. C'est de vous qu'il tiendra le royaume d'Espagne. » Le roi dit : « Que Dieu vous en sache gré! Vous en avez bien agi! Vous en aurez fort grande récompense! » Par l'armée, ils ont fait sonner mille clairons. Les

---

1. *Algalife* : calife, oncle de Marsile (voir laisse 35); 2. *Heaume* : voir Lexique, page 24; 3. *Niellé* : gravé de traits dont les creux sont remplis d'émail noir.

Francs lèvent le camp. Ils font charger les bêtes de somme. Vers douce France tous se sont acheminés.

55

vers 703-716

Charlemagne a ravagé l'Espagne, pris les châteaux, violé les cités. Le roi a déclaré que sa guerre était terminée. Vers douce France, l'empereur chevauche. Le comte Roland a fixé l'enseigne. Grimpé sur un tertre, il l'a levée au ciel. Les Francs s'installent par toute la contrée. Par les larges vallées, les païens chevauchent. Ils ont revêtu hauberts et cuirasses, lacé les heaumes et ceint les épées, les boucliers pendent à leurs cous, les lances sont brandies. En une forêt, sur une colline, ils se sont arrêtés. Quatre cent mille attendent le lever du jour. Dieu! Quelle douleur que les Français ne le sachent pas!

56

vers 717-724

Le jour s'en va et la nuit s'assombrit; Charles, le puissant empereur[1] s'endort. Il songe qu'il est aux larges ports de Cize, et qu'il tient entre ses poings sa lance de frêne; et voilà que le comte Ganelon la lui arrache, et la secoue, et la brandit, avec une telle fureur, que, vers le ciel, en volent les éclats. Charles dort : il ne s'éveille pas.

57

vers 725-736

Après cette vision, il en a une autre : il est en France, à Aix, en sa chapelle; un ours cruel le mord au bras droit, et, du côté de l'Ardenne, il voit venir un léopard qui, farouchement, s'attaque à son corps même. Mais de la salle accourt un lévrier, qui vient à Charles au galop et par bonds, qui

---

1. Il n'est pas encore « puissant empereur » à cette date : il est roi de France.

━━━━━ QUESTIONS ━━━━━

SUR LES LAISSES 53 ET 54. — Que pensez-vous de ce récit de Ganelon? En vous reportant à ce qui a précédé, montrez comment ce tissu de mensonges est astucieusement organisé et présenté.

SUR LA LAISSE 55. — Pourquoi le poète reprend-il, au début de cette laisse, le début du poème? Quels sentiments semblent éprouver les Francs? Quelle impression fait sur le lecteur le parallèle des Francs et des païens à ce moment?

tranche à l'ours l'oreille droite, et, plein de colère, s'en prend au léopard. « Grande bataille! » disent les Français, mais ils ne savent pas qui remportera la victoire[1]. Charles dort, il ne s'éveille pas.

58

La nuit s'achève, et l'aube claire apparaît; au milieu de son armée l'empereur chevauche fièrement. « Seigneurs barons, dit l'empereur Charles, voyez les ports et les étroits passages, choisissez qui sera à l'arrière-garde! » Ganelon répond : « Roland, mon fillâtre[2]. Vous n'avez baron de plus grande bravoure. » Le roi l'entend, et le regarde durement : « Vous êtes le démon en personne, lui dit-il, une rage mortelle vous est entrée au corps; et qui sera devant moi, à l'avant-garde? — Ogier de Danemark[3], répond Ganelon, vous n'avez baron qui mieux que lui le fasse. »

---

1. Dans la nuit qui suivra la mort de Roland (voir les laisses 185 et 186), il y aura encore un rêve de Charlemagne. Celui-ci attache une importance décisive à ces visions, qu'il croit envoyées par Dieu. Ainsi, de sa première vision, il fait confiance à Naimes (laisse 66). Le sens de ce rêve est transparent : Ganelon est l'ours défendu par les siens. Thierry est le lévrier qui attaquera le plus grand des ours, c'est-à-dire Pinabel, champion de Ganelon. D'ailleurs, les historiens font état de ces rêves prophétiques de Charlemagne. Ainsi, dans la *Visio Karoli magni*, citée dans Jaffé (*Bibliotheca rerum Germanicarum*, tome IV, page 701), nous voyons Charlemagne confier à Eginhard les détails d'un rêve où lui est annoncée, croit-il, la chute de ses descendants. Le songe paraît avoir été un lieu commun plus ou moins obligatoire de l'épopée en France, de même que chez les Latins et en Grèce : une influence classique assez profonde paraît évidente; **2.** *Fillâtre* signifie « beau fils ». C'est le premier texte connu où apparaît le mot. Cette phrase répond exactement à ce vers : *Ce sera Ganelon, mon parâtre* (laisse 20); **3.** *Ogier de Danemark* : voir la note 1 de la page 33.

QUESTIONS

SUR LES LAISSES 56 ET 57. — Expliquez la première vision de Charlemagne en vous servant du sens de la seconde. Montrez que toutes deux se complètent. Quel effet produit la répétition du même vers à la fin de chacune de ces deux laisses? Comparez la composition de ce récit de rêve avec celles des deux autres récits analogues de *la Chanson de Roland* (laisses 185-186). — Quel autre signe (voir laisse 25) avait déjà laissé pressentir un malheur? La valeur dramatique de ces avertissements qui jalonnent le récit.

SUR LA LAISSE 58. — La concision dramatique de cet épisode; la surprise provoquée chez Charlemagne par la première réplique de Ganelon. — Charlemagne réussit-il à embarrasser le traître par sa deuxième question? Peut-il refuser la solution proposée par Ganelon?

59

Le comte Roland, quand il s'entend désigner, parle en vrai chevalier : « Sire parâtre, je vous dois beaucoup chérir; vous m'avez attribué l'arrière-garde. Charles le roi, qui tient la douce France, n'y perdra, que je sache, ni palefroi ni destrier, ni mule ni mulet sur lequel il doive chevaucher, roussin[1] ni cheval de somme, avant qu'on ne l'ait disputé par l'épée. » Ganelon répond : « Vous dites vrai, je le sais bien. »

60

Quand Roland entend qu'il sera à l'arrière-garde, plein de colère il dit à son parâtre : « Ah! culvert[2], mauvais homme, de vile race! Pensais-tu que j'allais laisser choir le gant, ainsi que toi, le bâton[3] devant Charles? »

61

« Droit[4] empereur, dit Roland le baron, donnez-moi l'arc[5] que vous tenez au poing. J'en suis bien sûr, on ne me reprochera pas de l'avoir laissé tomber, comme fit Ganelon du bâton quand il le reçut en sa main droite. » L'empereur tient la tête baissée; il tire sa barbe, il tord sa moustache : il ne peut s'empêcher de pleurer.

---

1. Le *roncin* ou *roussin* servait à transporter les équipements (voir Lexique, p. 23); 2. *Culvert* est le terme même de la *Chanson*. Ce mot n'a pas d'équivalent en français. Voici l'explication qui est fournie par le Lexique de Godefroy : « Individu dont la condition était intermédiaire entre l'esclavage et la liberté, mais plus près de l'esclavage »; 3. Encore un rappel (voir laisse 25). Mais c'est le gant que Ganelon a laissé tomber : c'est un moyen très heureux de revenir sur le motif du présage. Charlemagne revient sur le motif du rêve. Roland sur le présage; 4. *Droit* : légitime; 5. L'arc est un détail anachronique : l'arc à l'époque de Charlemagne n'est plus une arme de guerre.

━━━━━━━━━ **QUESTIONS** ━━━━━━━━━

SUR LA LAISSE 59. — La réaction immédiate de Roland : son ironie. Peut-il deviner la trahison de Ganelon? Quelle intention peut-il supposer qu'a eue son « parâtre » en lui faisant confier l'arrière-garde?

SUR LES LAISSES 60 ET 61. — La colère insultante de Roland : en rappelant l'incident du gant tombé à terre, Roland ne cherche-t-il pas à provoquer Ganelon? La laisse 61 n'aggrave-t-elle pas encore l'affront? Pourquoi Ganelon garde-t-il le silence? Comment s'explique la douleur de Charlemagne?

62   vers 774-782

Ensuite est venu Naimes[1]; il n'y a pas de meilleur vassal en toute la cour. Il dit au roi : « Vous l'avez entendu. Le comte Roland est dans un grand courroux; l'arrière-garde lui est attribuée, et vous n'avez point de baron qui s'en charge à sa place. Donnez-lui l'arc que vous avez tendu, et trouvez-lui qui puisse bien l'aider. » Le roi lui donne l'arc et Roland le reçoit.

63   vers 783-791

L'empereur s'adresse à son neveu Roland : « Beau sire neveu, vous le savez, en vérité, je veux vous donner la moitié de mon armée; gardez-la avec vous, elle assurera votre salut. — Je n'en ferai rien, dit le comte. Dieu me confonde, si je démens ma race! Je garderai vingt mille Français très braves. Passez les ports en toute sécurité; vous auriez tort de craindre quelqu'un, moi vivant! »

64   vers 792-803

Le comte Roland est monté sur son destrier; près de lui vient son compagnon Olivier, puis Gérin et le preux comte Gérier, et puis Oton et Bérenger, et Astor et Anséis le vieux, le fier Girart de Roussillon et Gaifier[2] le puissant duc. « Par ma tête, j'irai, dit l'archevêque. — Et j'irai avec vous, dit le comte Gautier. Je suis l'homme de Roland et ne dois point lui faire défaut. » Entre eux, ils se choisissent vingt mille chevaliers.

---

1. *Naimes* : voir note 1 de la page 36; 2. Gaifier de Bordeaux se distingua en luttant contre Pépin le Bref.

──────── QUESTIONS ────────

Sur la laisse 62. — L'intervention de Naimes; comparez-la à celle de la laisse 16. En quoi consiste sa sagesse? Ne vient-il pas, cependant, malgré lui, au secours de la fatalité?

Sur la laisse 63. — Comment se vérifient, avec une parfaite exactitude, les prévisions faites par Ganelon à la laisse 44? Dans quelle mesure Roland est-il responsable lui-même de la situation d'infériorité dans laquelle il se trouvera face aux Sarrasins?

65

Le comte Roland appelle Gautier de l'Hum[1] : « Prenez mille Français de France[2], notre terre, et occupez les défilés et les hauteurs afin que l'empereur ne perde pas un seul de ses hommes. » Gautier répond : « Pour vous je le dois bien faire. » Avec mille Français de France, leur terre, Gautier sort des rangs et va par les défilés et les hauteurs. Il n'en descendra, si mauvaises que soient les nouvelles, avant que des épées sans nombre aient été dégainées. Le roi Almaris du royaume de Belferne leur livra ce jour-là une rude bataille.

66

Hauts sont les monts et ténébreuses les vallées, les roches sombres et terrifiants les défilés. Ce jour même, les Français les franchirent avec grande douleur. A quinze lieues de là, on entendit la rumeur de leur marche. Et lorsqu'ils arrivèrent dans la Grande Terre[3], ils virent la Gascogne, pays de leur seigneur. Alors, il leur souvient de leurs fiefs et de leurs domaines, de leurs filles et de leurs nobles femmes : il n'en est pas un qui ne pleure d'attendrissement. Plus que tous les autres, Charles est plein d'angoisse : aux ports d'Espagne, il a laissé son neveu; il est pris de douleur, et ne peut s'empêcher de pleurer.

---

1. *Gautier de l'Hum* : peut-être s'agit-il du personnage qui reparaît sous le nom de *Gauvain*, dans les légendes de la Table ronde ; 2. Ce vers atteste bien que Roland est non seulement le préféré des « Français de France », mais Français lui aussi et non pas un « homme en l'air », comme on l'a prétendu avec Pauphilet. Cela est à rapprocher de la laisse 23 : Roland est fils de la sœur de Charles, épousée en secondes noces par Ganelon. Le personnage est suffisamment connu pour que l'auteur se dispense de précision sur son état civil. Il l'eût fait s'il avait inventé le personnage ; 3. *Grande Terre* : voir note 2 de la page 51.

--- **QUESTIONS** ---

Sur les laisses 64 et 65. — Par comparaison avec la laisse 12, quels sont les personnages déjà connus qui viennent se ranger sous les ordres de Roland? Pourquoi les meilleurs compagnons de Charles sont-ils fiers de faire partie de l'arrière-garde? — Quel est le rôle dévolu à Gautier?

Sur la laisse 66. — Importance et beauté de cette laisse : les deux paysages et les deux sentiments qui se succèdent. — La tristesse de Charlemagne : d'où vient son caractère tragique au milieu de l'attendrissement général? — En tenant compte de la psychologie de l'auditoire, quels sentiments sont réveillés par cette laisse?

vers 825-840

Les douze pairs sont restés en Espagne : vingt mille Français sont en leur compagnie : ils n'ont point peur ni crainte de la mort. L'empereur s'en retourne en France; sous son manteau, il cache son angoisse. Auprès de lui chevauche le duc Naimes; il dit au roi : « Quel chagrin vous pèse donc? — C'est m'outrager que me le demander, répond Charles, j'ai si grande douleur qu'il faut bien que j'en pleure. Ganelon va ruiner la France! Cette nuit, j'ai eu une vision, qu'un ange m'envoya. j'ai vu Ganelon qui me brisait ma lance entre les mains, Ganelon qui fit désigner mon neveu pour l'arrière-garde. Et j'ai laissé Roland en une marche étrangère! Dieu! si je le perds, je ne retrouverai point son semblable! »

vers 841-860

Charlemagne ne peut s'empêcher de pleurer. Cent mille Francs sont pris pour lui d'attendrissement, et pour Roland d'une terreur étrange. Ganelon le félon l'a trahi; du roi païen il a reçu de grands dons, or et argent, étoffes et vêtements de soie, chevaux, chameaux et lions. Or Marsile a mandé par l'Espagne barons, comtes, vicomtes, ducs et almaçours[1], les émirs et les fils des comtours[2]. Il en rassemble en trois jours quatre cent mille. A Saragosse il fait sonner ses tambours, et sur la plus haute tour on dresse Mahomet[3]; chaque païen le prie et l'adore. Puis tous chevauchent à marches forcées, à travers la Terre certaine[4], par

---

1. *Almaçour* (arabe *al-Mansur*, « le Victorieux ») : surnom de plusieurs princes de l'Islam, notamment d'un chef militaire qui devint célèbre par ses expéditions contre les chrétiens d'Espagne, saccagea Barcelone (985) et Saint-Jacques de Compostelle (997). Ici, le mot est employé comme nom commun pour désigner un dignitaire. On peut remarquer que, dans cette hiérarchie féodale des Sarrasins, les titres orientaux (émir, almaçour) viennent se mêler aux titres traditionnels de la hiérarchie française; 2. *Comtour* : titre féodal inférieur au comte; 3. L'image de Mahomet : erreur historique, puisque l'islamisme interdit la représentation de la figure humaine; 4. *Terre certaine* : expression peu claire, mais qui ne désigne sûrement pas la Cerdagne.

QUESTIONS

SUR LA LAISSE 67. — Soulignez le contraste entre les sentiments des douze pairs et ceux de Charlemagne. Qu'est-ce qui explique ce contraste? N'ont-ils cependant pas tous la même préoccupation? — Comment la confidence de Charlemagne accentue-t-elle encore la situation tragique du personnage?

les vallées, par les monts : enfin, ils aperçoivent les gonfanons[1] de ceux de France. L'arrière-garde des douze compagnons ne manquera pas de leur livrer bataille.

PRÉPARATIFS DES SARRASINS

69
vers 861-873

Le neveu de Marsile s'est avancé sur un mulet, touchant celui-ci d'un bâton. Il dit à son oncle, en riant bellement : « Beau sire roi, si longtemps je vous ai servi, et n'en ai tiré que peines et tourments. J'ai livré des batailles et les ai gagnées! Comme fief donnez-moi de frapper Roland! De mon épieu tranchant je le tuerai. Si Mahomet se porte garant pour moi, j'affranchirai tout le pays d'Espagne, depuis les ports jusqu'à Durestant[2]. Charles sera las, les Français se rendront. Vous n'aurez jamais de guerre de toute votre vie. » Le duc Marsile lui en donne le gant.

70
vers 874-884

Le neveu de Marsile tient le gant en sa main, il s'adresse à son oncle en des termes fort hautains : « Beau seigneur roi, vous m'avez fait un grand don. Choisissez-moi douze de

---

1. *Gonfanon* : voir Lexique, page 24; 2. Cette petite ville se trouve au sud de l'Espagne. Mais il s'agit évidemment encore d'une liberté que prend notre poète avec les réalités géographiques.

——————— QUESTIONS ———————

Sur la laisse 68. — Montrez que cette laisse constitue une pause dans le récit. Pour quelle raison le poète fait-il ici une récapitulation des éléments de la situation? Le pathétique et l'intérêt du récit sont-ils, de ce fait, diminués?

● Sur l'ensemble des laisses 55 à 68. — Comparez la laisse 68 à la laisse 55 : leurs éléments communs, leurs différences. Ne pourrait-on considérer ces deux laisses comme l'introduction et la conclusion d'un épisode de la *Chanson*? Quel événement évoqué par anticipation domine de sa menace ces deux moments du récit?

— Comment se consomme la trahison de Ganelon? Le caractère diabolique du traître : pourquoi tout se passe-t-il suivant ses prévisions?

— La tristesse de Charlemagne : faut-il dire que l'empereur se laisse dominer par les événements sans essayer de lutter contre la fatalité? Le tragique de sa situation.

vos barons; et ainsi je combattrai les douze pairs. » A quoi
le tout premier répond Falseron, frère du roi Marsile : « Neveu
mon beau sire, nous irons et moi et vous. Cette bataille certes
nous la livrerons. L'arrière-garde de la grande armée de
Charles, il est dit que nous la décimerons. »

71

vers 885-893

D'autre part vient le roi Corsalis : il est roi de Barbarie
et s'y entend fort en arts maléfiques. Il a parlé dans l'esprit
d'un bon vassal : pour tout l'or de Dieu, il ne voudrait se
conduire en lâche. Mais voici, éperonnant sa monture Malprimis de Brigant : à pied, il est plus rapide qu'un cheval.
Devant Marsile, il crie bien haut : « Je vais me rendre à
Roncevaux; si j'y trouve Roland, je ne le quitterai sans
l'abattre. »

72

vers 894-908

Il y a là l'émir de Balaguer[1]. Il a l'allure noble, le visage
fier et clair. Quand il est à cheval, il a fière allure avec ses
armes. Son courage est hautement renommé. S'il était chrétien, il serait un fameux baron! Devant Marsile, il s'est
écrié : « A Roncevaux j'irai exposer ma vie! Si j'y trouve
Roland, il est mort et Olivier et les pairs, tous les douze.
Les Français mourront à grand deuil et grande honte. Charlemagne est vieux et radoteur; il se lassera de mener sa
guerre. Ainsi, nous restera l'Espagne en toute quiétude. »
Le roi Marsile lui a rendu maintes grâces.

---

1. *Balaguer* : c'est cette même ville que Roland avait conquise à Charlemagne
(elle est située tout près de Lérida, en Catalogne). Il y a déjà fait allusion aux laisses 5
et 14.

QUESTIONS

Sur les laisses 69 et 70. — Le neveu de Marsile ne pourrait-il, par
certains traits de son caractère, se comparer à Roland? Quelle symétrie est ainsi créée? La laisse 70 n'accentue-t-elle pas encore, par un
nouveau détail, cet effet de symétrie? Montrez que le poète obéit ici
à un souci d'ordre esthétique plutôt qu'à une préoccupation d'ordre
dramatique.

73

vers 909-915

Voici venir un almaçour[1] de Moriane[2] : il n'y a pas plus félon en la terre d'Espagne. Devant Marsile, il s'est pavané : « A Roncevaux je conduirai les miens, vingt mille hommes portant boucliers et lances. Si je trouve Roland, je garantis sa mort. Il ne se passera pas un jour que Charlemagne ne le pleure. »

74

vers 916-930

Voici d'autre part Turgis de Tortelose[3] : il est comte, et cette cité est sienne. Aux chrétiens, il veut faire un mauvais parti. Aussi, devant Marsile, fut-il de l'avis des autres, et il dit au roi : « Vous ne devez nullement vous émouvoir! Mahomet vaut mieux que saint Pierre de Rome : si vous le servez, l'honneur de la bataille sera pour nous. A Roncevaux j'irai joindre Roland. Contre la mort, il n'aura nulle protection. Voyez mon épée qui est bonne et longue : contre Durendal je la veux éprouver; assez entendrez-vous laquelle l'emportera. Les Français mourront, si contre nous ils s'aventurent; Charles le Vieux en aura deuil et honte. Jamais plus en ce monde il ne portera la couronne! »

75

vers 931-939

D'autre part voici Escremiz de Valterne : il est Sarrasin et Valterne est sa terre. Devant Marsile, il s'écrie en pleine foule : « A Roncevaux j'irai abattre l'orgueil. Si je trouve Roland, il y laissera la tête, et aussi Olivier, lui qui commande

---

1. *Almaçour :* synonyme de *amurafle*, qui a été traduit par « émir », laisse 72 (voir note 1 de la page 61); 2. *Moriane :* il ne s'agit évidemment pas de la Maurienne, qui se trouve en Savoie. Il semble qu'il faille comprendre « terre des Maures »; 3. *Tortelose :* il semble qu'il s'agisse ici de Tortosa, près des bouches de l'Ebre.

QUESTIONS

SUR LES LAISSES 71 à 73. — Quel effet recherche le poète en présentant à chaque laisse un personnage nouveau? Étudiez les variantes d'une laisse à l'autre : sont-ils tous « félons »? Pourquoi un éloge particulier à l'émir de Balaguer? Montrez que sa préoccupation finale dépasse celle des autres.

SUR LA LAISSE 74. — Faites la part des éléments nouveaux et de ceux qui prolongent les laisses précédentes. Cherchez la raison de l'élargissement des ambitions chez les païens; montrez que les affirmations de Ganelon (laisse 45) sont à l'origine de cet état de fait.

les autres. Les douze pairs sont tous désignés pour la mort.
Les Français mourront : la France sera privée d'eux. De
bons vassaux Charles manquera. »

76 vers 940-954

D'autre part voici un païen, Esturgant : il est accompagné
d'Estramariz, un sien compagnon. Tous deux sont félons,
traîtres fieffés. Marsile dit : « Seigneurs, approchez! A Roncevaux vous irez au passage des défilés, et vous aiderez à
guider les miens! » Ils répondent : « A vos ordres! Nous
allons assaillir Olivier et Roland; les douze pairs, nul ne les
protégera de la mort. Nos épées sont bonnes et tranchantes;
nous les rendrons vermeilles de sang chaud. Les Français
mourront, Charles en souffrira. La Grande Terre, nous vous
l'offrirons en présent! Venez, roi, en vérité vous allez voir!
L'empereur, nous vous le donnerons en présent! »

77 vers 955-974

Courant arrive Margariz de Séville. Il tient la terre jusqu'à
Cazmarine[1]. Sa beauté lui vaut la faveur des dames. Pas
une à sa vue qui ne s'épanouisse! En le voyant, chacune ne
peut pas ne pas sourire! Il n'y a païen de si haute chevalerie;
il ne s'écrie en la foule par-dessus les autres : « Ne vous
troublez pas! A Roncevaux j'irai tuer Roland, et Olivier y
laissera la vie. Les douze pairs y sont restés pour leur martyre. Voyez mon épée, dont la garde est d'or! C'est un don
de l'émir de Primes. Je vous promets que du sang va la
teindre en vermeil. Les Français mourront, la France en
sera honnie. Charles le Vieux, à la barbe fleurie, il ne se
passera de jour qu'il n'en ait deuil et amertume. Avant un
an, la France sera notre bien. Nous pourrons coucher au
bourg de Saint-Denis. » Le roi païen profondément s'incline.

---

1. Peut-être s'agit-il de Camarinas, petit port de Galice, situé à environ cinquante kilomètres de Compostelle.

QUESTIONS

Sur les laisses 75 à 77. — Examinez la composition de chacune
de ces trois laisses : faites apparaître les ressemblances avec les précédentes : pourquoi cette uniformité? Pourquoi ces accumulations?
Qualifiez leur vocabulaire; le ton de défi s'explique-t-il seulement par
l'excitation qui précède une bataille? A quelle démesure aboutit ce
long défilé de promesses?

D'autre part voici Chernuble de Munigre : sa chevelure
flotte et descend jusqu'à terre. Quand fantaisie lui en prend,
par jeu, il peut porter plus lourde charge que ne font quatre
mulets. On dit qu'au pays d'où il vient le soleil ne luit pas
ni le blé ne peut croître : la pluie n'y tombe pas, la rosée
ne s'y forme pas, il n'y a pierre qui ne soit toute noire. Certains disent que les démons y habitent. Chernuble dit : « J'ai
ceint ma bonne épée. A Roncevaux, je lui donnerai une
teinte vermeille. Si, sur mon chemin, je trouve le preux Roland
et ne l'assaille pas, alors ne me faites plus confiance. Avec
mon épée je vais conquérir Durendal. Les Français vont
mourir, et la France en sera privée. » A ces mots, les douze
pairs s'assemblent. Avec eux, ils emmènent cent mille Sarrasins qui brûlent de combattre et se hâtent. Ils vont sous une
sapinière revêtir leurs armes.

Les païens s'arment de hauberts[1] sarrasins qui, pour la
plupart, ont triple épaisseur de mailles; ils lacent leurs bons
heaumes[2] de Saragosse; ils ceignent leurs épées d'acier
viennois. Ils ont de beaux écus[3], des épieux de Valence,
des gonfanons[4] blancs et bleus et vermeils. Ils laissent leurs
mulets et tous leurs palefrois[5], montent leurs destriers et
chevauchent en rangs serrés. Le jour était clair et le soleil
radieux[6]; pas une armure qui toute ne flamboie. On sonne
mille clairons, pour que ce soit plus beau. Le bruit est grand,
et les Français l'entendent. Olivier dit : « Sire compagnon,

---

1. *Haubert :* voir Lexique, page 24; 2. *Heaume :* voir Lexique, page 24; 3. *Ecu :*
voir Lexique, page 24; 4. *Gonfanon :* voir Lexique, page 24; 5. *Palefroi, destrier :*
voir Lexique, page 23; 6. Le soleil brillait de tout son éclat. Or, précisément, selon
Eginhard, l'obscurité commençait : venant d'apprendre la nouvelle d'une révolte
de Saxons dans le Nord, immédiatement après avoir pris Pampelune, Charlemagne
remontait vers le Nord, via le col de Roncevaux. On était hors du territoire arabe,
tout près de la chapelle d'Ibañeta; le duc de Gascogne Loup, à la tête d'une bande
de Basques et d'Arabes, fit le coup : Roland fut tué; le duc, par la suite, fut pendu.
D'autre part, déjà en 636, dans la vallée de Soule, les Basques avaient infligé une
sanglante défaite au duc d'Haribert, envoyé par Dagobert II pour les soumettre.
En 812, ils attaquèrent Louis d'Aquitaine par ce même col de Roncevaux. Quant
au site, voici comment l'évoque Eginhard : *Locus ex opacitate silvarum, quarum
ibi maxima est copia, insidiis ponendis opportunus.* (« Lieu favorable à l'installation
d'un piège en raison de l'épaisseur des forêts, dont il y a là très grande abondance. »)
[Eginhard, *Vie de Charlemagne*.]

RVNT QVIER

DÉTAIL DE LA TAPISSERIE DE BAYEUX (FIN DU XIᵉ SIÈCLE)
Cavaliers et fantassins sont vêtus du haubert et coiffés du casque à nasal.

je crois que nous pourrions bien avoir bataille avec les Sarrasins. » Roland répond : « Que Dieu nous l'octroie! Nous devons tenir ici pour notre roi. Pour son seigneur, on doit souffrir détresse et endurer le grand chaud, le grand froid, on doit perdre et le cuir et le poil. Que chacun veille à frapper de grands coups, afin qu'on ne fasse pas sur nous de mauvaises chansons[1]! Les païens ont tort et les chrétiens bon droit. Jamais mauvais exemple ne viendra de moi. »

LA BATAILLE
(vers 1017 à 2396)

QUERELLE DE ROLAND ET D'OLIVIER

80 vers 1017-1027

Olivier est monté sur une montagne élevée, il regarde à droite, parmi un val herbeux; il voit venir la gent païenne. Il appelle Roland son compagnon : « Du côté de l'Espagne, quelle rumeur j'entends venir! Que de blancs haubers, que de heaumes flamboyants! Nos Français vont entrer en grande fureur. Ganelon le savait, le félon, le traître qui nous a désignés devant l'empereur. — Tais-toi, Olivier, répond le comte Roland, c'est mon parâtre; je ne veux pas que tu en dises un mot. »

81 vers 1028-1038

Olivier est monté sur une montagne[2]; il aperçoit le royaume d'Espagne et les Sarrasins assemblés en grand nombre. Les heaumes luisent, gemmés d'or, et les écus, et les haubers

---

1. Façon de dire proverbiale : elle existait déjà dans les lamentations de Jérémie. La crainte de la *mauvaise chanson* arrivait à briser l'indécision des héros de chansons de geste aussi bien que des héroïnes de romans courtois. La crainte qu'on ne chante sur eux de « mauvaises chansons » hante les vassaux, car le suzerain exige le courage, et la société féodale méprise les couards. Ces chansons vengeresses devinrent un tel fléau qu'il fallut un capitulaire royal (764) pour les interdire. Et la mode s'étendait bien au-delà du territoire français : ainsi, en 1124, le chevalier Luc de La Barre-en-Ouche fut condamné par Henri d'Angleterre à avoir les yeux crevés pour avoir composé contre lui des chansons de ce genre. Même crainte exprimée dans *la Chanson de Roland* et en des termes assez uniformes aux laisses 79, 112, et surtout à la laisse 146; 2. *Montagne :* une éminence (reprise du premier vers de la laisse précédente).

▶ QUESTIONS

SUR LES LAISSES 79 ET 80. — Quel détail fait le lien entre les deux parties de la laisse 79? — Dans quelles dispositions sont les Français avant la bataille? Sur quelles notions Roland fonde-t-il sa confiance? Expliquez son attitude à propos de Ganelon (laisse 80).

brodés de jaune, et les épieux, et les gonfanons fixés aux lances. Olivier, à lui tout seul, ne peut pas compter leurs bataillons : il y en a tant, qu'il n'en sait pas le nombre. En lui-même, il est tout égaré; comme il a pu, il est descendu de la montagne, il est venu vers les Français et leur a tout conté.

82
vers 1039-1048

Olivier dit : « J'ai vu les païens; jamais homme sur terre n'en vit davantage. Ils sont cent mille devant nous, avec des écus, des heaumes lacés et de blancs[1] haubers, les lances droites, de bruns épieux luisants! Vous aurez bataille telle qu'il n'y en eut jamais. Seigneurs français, que Dieu vous donne sa force : tenez ferme dans le combat, que nous ne soyons pas vaincus! » Les Français disent ! « Honni soit qui fuira! S'il faut mourir, pas un ne vous manquera. »

83
vers 1049-1058

Olivier dit : « Les païens sont en force, et nos Français, ce me semble, sont bien peu. Compagnon Roland, sonnez donc de votre cor. Charles l'entendra et l'armée reviendra. » Roland répond : « Ce serait folie! En douce France j'y perdrais mon renom. Je vais sur-le-champ frapper avec Durendal de grands coups : la lame en sera sanglante jusqu'à l'or de la garde. Les félons païens sont venus aux ports pour leur malheur. Je vous l'assure, tous sont marqués pour la mort. »

---

1. *Blanc :* le métal est simplement poli et non peint.

QUESTIONS

SUR LES LAISSES 81 ET 82. — Quelle progression marque la laisse 81 par rapport à la précédente? Quel sentiment Olivier éprouve-t-il? Le poète cite-t-il ce trait comme une marque déshonorante? Comment cet état d'esprit d'Olivier se trahit-il dans son langage? Montrez que l'appel à la « force de Dieu » est à placer sur le même plan que la remarque de Roland sur le « bon droit des chrétiens ».

SUR LA LAISSE 83. — Olivier a-t-il tort de demander à Roland d'appeler Charlemagne? Utilisez, pour répondre, le premier vers de la laisse 87. Comment jugez-vous Roland? Quelle responsabilité prend-il à l'égard de ses compagnons? Comparez ses paroles à celles que prononçaient les Sarrasins (laisses 69 à 78).

84

« Compagnon Roland, sonnez donc de votre olifant[1]. Charles l'entendra et fera revenir l'armée; le roi et ses barons viendront nous secourir. » Roland répond : « Ne plaise au Seigneur Dieu que par ma faute mes parents soient blâmés, et que la douce France tombe dans l'humiliation. Mais je frapperai de grands coups de Durendal, ma bonne épée que j'ai ceinte au côté. Vous en verrez toute la lame ensanglantée. Les félons païens se sont réunis ici pour leur malheur; je vous l'assure, ils sont tous condamnés à périr. »

85

« Compagnon Roland, sonnez de votre olifant. Charles l'entendra, qui est au passage des ports; je vous l'assure, les Français reviendront. — Ne plaise à Dieu, lui répond Roland, qu'homme vivant puisse jamais dire que j'aie sonné du cor pour des païens! On ne fera jamais tel reproche à mes parents. Quand je serai en pleine bataille, je frapperai mille et sept cents coups, vous verrez l'acier de Durendal tout sanglant. Les Français sont braves, ils frapperont vaillamment. Les gens d'Espagne n'échapperont pas à la mort. »

86

« Olivier dit : Je ne vois pas qu'on pourrait vous en blâmer; j'ai vu les Sarrasins d'Espagne; les vallées et les monts en sont couverts, et les landes, et toutes les plaines. Grande est l'armée de la gent étrangère; nous n'avons, nous, qu'une bien petite troupe. » Roland répond : « Mon ardeur s'en

---

1. *Olifant* : cor en forme de corne, en ivoire sans doute. La graphie du mot correspond à la prononciation médiévale de « éléphant » et avait souvent le sens de « ivoire » (voir Lexique, p. 24).

QUESTIONS

Sur les laisses 84 et 85. — Comparez chacune de ces deux laisses à la laisse 83. Combien de fois Olivier force-t-il Roland de sonner du cor? En quels termes? — Les refus de Roland : quels sont les deux sentiments qui sont indissolublement liés à sa volonté de combattre sans l'aide de Charlemagne?

augmente! Ne plaise au Seigneur Dieu, ni à ses anges, que jamais la France perde son honneur à cause de moi. Mieux vaut la mort que la honte! C'est pour nos beaux coups que l'empereur nous tient plus haut dans son amour. »

87 vers 1093-1109

Roland est preux, et Olivier est sage. Tous deux sont d'une merveilleuse bravoure. Et, puisqu'ils sont à cheval et en armes, jamais, dussent-ils mourir, ils ne se déroberont à la bataille. Les comtes sont braves, et leurs paroles sont fières. Les païens félons chevauchent pleins de fureur. Olivier dit : « Voyez un peu, Roland; ils sont tout près, et Charles est trop loin; vous n'avez pas daigné sonner de votre olifant; si le roi était là, nous aurions évité le désastre. Regardez en haut, vers les ports d'Espagne; vous pouvez voir bien triste arrière-garde. Qui s'y trouve, ne fera plus partie d'une autre. » Roland répond : « Ne parlez pas si follement; maudit qui porte un lâche cœur au ventre. Nous tiendrons ferme en la place, et c'est de nous que viendront les coups et les mêlées! »

88 vers 1110-1123

Quand Roland voit qu'il y aura bataille, il devient plus fier qu'un lion ou qu'un léopard. Il s'adresse aux Français, il appelle Olivier : « Seigneur compagnon, mon ami, ne parlez plus ainsi. L'empereur nous a laissé ces Français; il mit à part ces vingt mille hommes, sachant bien qu'il n'y a pas un lâche parmi eux. Pour son seigneur, un homme doit souffrir de grands maux, endurer le grand froid, le

─────────── **QUESTIONS** ───────────

SUR LA LAISSE 86. — Quel est le seul argument dont Olivier peut user pour tenter de convaincre une dernière fois Roland? Est-ce un argument très fort?

SUR LA LAISSE 87. — Importance des deux premières phrases de cette laisse. — Montrez qu'un certain temps s'est écoulé pendant que se déroulait le dialogue entre Roland et Olivier : la progression dramatique de la situation. A l'instant où va commencer la bataille, dans quel esprit chacun des deux héros affronte-t-il le combat?

grand chaud; il doit perdre de son sang et de sa chair[1]. Frappe de ta lance, je frapperai de Durendal, ma bonne épée, que le roi me donna; si je meurs, qui l'aura pourra dire, et tous avec lui, qu'elle appartint à vaillant chevalier. »

89

vers 1124-1138

D'autre part est l'archevêque Turpin; il pique son cheval et monte sur un tertre; il appelle les Français, et leur fait ce sermon : « Seigneurs barons, Charles nous a laissés ici : nous devons bien mourir pour notre roi. Aidez à soutenir la chrétienté. Vous aurez bataille, vous en êtes tous sûrs : voyez les Sarrasins sous vos yeux. Battez votre coulpe[2], et demandez à Dieu miséricorde. Je vais vous absoudre pour sauver vos âmes. Si vous mourez, vous serez de saints martyrs[3] et vous aurez des sièges au plus haut du paradis. » Les Français descendent de cheval et s'agenouillent à terre : l'archevêque les bénit au nom de Dieu et, pour pénitence, leur ordonne de bien frapper.

---

1. Se reporter à la laisse 79 : dans les mêmes termes est évoqué le serment d'allégeance au roi. Cela prouve que *la Chanson de Roland* ne porte pas seulement la marque de la féodalité, mais aussi celle de la monarchie. Ce serment d'allégeance au roi vaut aussi pour les vassaux : ainsi, Gautier de l'Hum par rapport à Roland. Ganelon, lui aussi, réunit des vassaux, prêts à le soutenir même contre Charlemagne. Ce lien de vasselage est d'ailleurs renforcé par un lien confraternel, qui unit tous ceux qui sont associés dans la même profession et dans le même danger. Ce lien est souvent matérialisé par la syllabe initiale des noms propres : Yvon, Yvoire; Gérin, Gérier; Amis, Amile; 2. *Battre sa coulpe :* se frapper la poitrine en disant l'acte de contrition; 3. Les chevaliers, en luttant contre les Infidèles, vont mourir pour le service de Dieu.

▬ QUESTIONS ▬

SUR LA LAISSE 88. — Montrez que Roland change de ton; pourquoi? Expliquez la reprise de la formule déjà exprimée à la laisse 79. Cette justification ne marque-t-elle pas un progrès par rapport aux justifications qui ont été données dans les laisses précédentes?

● SUR L'ENSEMBLE DES LAISSES 79 à 88. — Le déroulement du temps au cours de ces dix laisses : relevez toutes les expressions qui rendent sensible l'approche menaçante de l'armée des païens.

— Le rythme du dialogue entre Olivier et Roland : montrez que les trois appels successifs (laisses 83, 84, 85) d'Olivier en constituent le moment le plus dramatique.

— Étudiez les réponses de Roland à Olivier : l'insistance avec laquelle le héros revient sur certaines idées crée-t-elle un effet de répétition lassant? L'importance de l'idéal défendu par Roland pour les auditeurs du trouvère; son sentiment de l'honneur, sa fidélité au suzerain, le souci de sa réputation de chef d'armée. Sa témérité et son orgueil enlèvent-ils de la valeur à son idéal?

90

Les Français se relèvent, se mettent sur pieds; les voilà bien absous, déliés de leurs péchés, et l'archevêque les bénit au nom de Dieu; puis ils sont montés sur leurs destriers rapides. Ils sont armés à la façon des chevaliers, et tout préparés pour la bataille.

Le comte Roland appelle Olivier : « Sire compagnon, vous disiez bien, Ganelon nous a trahis; il a accepté de l'or, des richesses, des deniers. L'empereur devrait bien nous venger. Le roi Marsile a fait marché de nous : à coups d'épée nous allons le payer! »

91

Aux ports[1] d'Espagne est passé Roland, sur Veillantif[2], son bon coursier; il porte ses armes qui lui siéent fort bien; il va, le preux, tenant en main sa lance, dont le fer est tourné vers le ciel et qui porte au sommet un gonfanon[3] tout blanc; les franges viennent lui battre les mains; Roland a le corps noble, le visage clair et riant. Son compagnon Olivier le suit, et tous ceux de France saluent Roland comme leur protecteur. Vers les Sarrasins, il jette un regard menaçant, et, sur les Français, un regard humble et doux; et il leur dit avec courtoisie : « Seigneurs barons, allez doucement au petit pas. Ces païens viennent au-devant d'un grand massacre.

---

1. *Port* : nom particulier aux cols pyrénéens; 2. En Calabre, Roland, tout jeune, a conquis l'épée Durendal et le cheval Veillantif. Cette double conquête est le résultat d'une victoire sur Eaumont, fils du roi païen Agolant (voir *la Chanson d'Aspremont*, XIIIᵉ siècle); 3. *Gonfanon* : voir Lexique, page 24.

■——— QUESTIONS ———————————————

Sur les laisses 89 et 90. — Quel caractère l'intervention de l'archevêque ajoute-t-elle aux appels à la vaillance lancés par Roland? Appréciez la sobriété avec laquelle est présentée la scène de la bénédiction; à quelle gravité est lié l'esprit de la guerre sainte? Pourquoi Roland admet-il (fin de la laisse 90) ce qu'il n'avait pas voulu reconnaître à la fin de la laisse 80? — Quel sentiment pousse Roland à reconnaître qu'Olivier avait raison? — Que pouvez-vous conclure, de cette liaison entre la laisse 80 et la laisse 90, sur la composition du poème?

Sur la laisse 91. — En quoi le portrait de Roland est-il vivant? Ses traits physiques, son expression, les sentiments qui l'animent. Pourquoi le poète a-t-il choisi ce moment pour faire ce portrait?

Aujourd'hui, nous aurons un riche et noble butin. Jamais roi de France n'en fit un de plus de valeur! » A ces mots, les deux armées se joignent.

92   vers 1170-1187

Olivier dit : « Je n'ai point souci de parler. Vous n'avez pas daigné sonner votre olifant, et vous n'avez aucun secours de Charles. Il ne sait rien, ce n'est pas sa faute, à ce preux, et ceux qui sont ici ne méritent, eux non plus, aucun blâme. Or donc, chevauchez le mieux que vous pouvez! Seigneurs barons, tenez ferme dans le combat! Pour Dieu, je vous prie de ne penser qu'à frapper, à donner coup pour coup! N'oublions pas le cri de guerre de Charles. » A ces mots les Français poussent un cri. Qui aurait pu les entendre clamer : « Monjoie[1]! » aurait eu le souvenir de ce que c'est que la vaillance. Puis ils chevauchent, Dieu! avec quelle fierté. Avec ardeur, ils piquent leurs éperons pour avancer plus vite. Ils s'avancent pour frapper : que feraient-ils donc autre? Les Sarrasins ne les craignent pas. Français et païens, les voilà aux prises.

---

1. *Monjoie!* ou *Montjoie!* Ce cri de guerre reparaît notamment aux laisses 94, 95, 115, 160. Aux vers 2508-2510 (laisse 183), le poète fait venir ce mot de « Joyeuse » nom de l'épée de Charlemagne. Mais les commentateurs modernes, rejetant cette explication peu scientifique, ont proposé d'autres étymologies : *Mons gaudii*, ancien nom de la colline du Vatican; *Mongea* (« Moinesse »), nom appliqué à la Sainte Vierge. Tout dernièrement, L. H. Lowis (*Some remarks on the origin of french « Montjoie »*) a lié ce cri de guerre à l'existence d'une relique, la *sainte Lance*. En réalité, le mot vient du francique *mund gawi*, qui signifie « protection du pays » et a une origine mystique et religieuse. Le terme, pris comme nom commun, se retrouve dans la langue du Moyen Age, avec la signification de « monticule », « monceau », « éminence ». Montjoie Saint-Denis servait à désigner la colline près de Paris où saint Denis subit le martyre; lorsque les rois de France devinrent, en 1076, vassaux de l'abbaye de Saint-Denis, le cri de guerre devint *Montjoie Saint-Denis!* Alors, l'oriflamme, bannière rouge des rois de France, prit aussi le nom de *montjoie*. Par un nouvel anachronisme, le poète prête aux combattants de son poème les mœurs de son temps.

————— QUESTIONS —————

Sur la laisse 92. — Olivier a-t-il la tranquille confiance de Roland? Quel reproche renouvelle-t-il? Son appel au combat est-il exactement semblable à celui de Roland? Pourquoi est-ce lui qui réclame le cri de guerre? — Le rythme de la charge. — Pourquoi les Sarrasins sont-ils sans crainte?

PREMIER ENGAGEMENT

93   vers 1188-1212

Le neveu de Marsile — il se nomme Aelroth — chevauche le premier devant l'armée païenne, il va, accablant d'insultes nos Français : « Français félons, aujourd'hui vous allez vous mesurer avec les nôtres. Il vous a trahis, celui qui devait vous protéger. Fol est le roi qui vous laissa dans ces ports. Aujourd'hui, France la douce va perdre son honneur, et Charlemagne le bras droit de son corps. » Quand Roland l'entend, Dieu, quelle douleur il en a! Il éperonne son cheval, il le lance à toute bride, et frappe Aelroth le plus fort qu'il peut. Il brise l'écu, déchire le haubert, ouvre la poitrine, brise les os, et sépare toute l'échine du dos; de son épieu, il arrache l'âme du corps du païen; il enfonce le fer si profond qu'il ébranle le corps, et à pleine lance abat de cheval le païen, dont le cou est coupé en deux moitiés. Mais Roland ne laissera pas de lui parler : « Va donc, misérable, Charles n'est pas fou, il n'a jamais aimé la trahison, il a agi en preux en nous laissant aux ports; la douce France ne perdra pas aujourd'hui son honneur. Frappez, Français, nôtre est le premier coup! Nous avons le droit, et ces gloutons[1] le tort! »

94   vers 1213-1234

Il y a là un duc, du nom de Falseron : c'est le frère du roi Marsile. Il tient la terre de Dathan et d'Abiron[2]; il n'y a pas sous le ciel de pire félon; entre les deux yeux, il a un

---

1. *Gloutons* : injure habituelle dans la *Chanson*; 2. *Dathan* et *Abiron* sont des personnages bibliques qui se soulevèrent contre Moïse; la Terre s'ouvrit sous eux et ils furent engloutis. Mais le poète en fait tout simplement des visions de cauchemar. Il n'est pas impossible que le trouvère ait lu le livre des Nombres. De toute façon, les noms de ces réprouvés illustres figuraient dans les formules de malédictions. On les retrouve dans l'*Athalie* de Racine, vers 1037.

───── **QUESTIONS** ─────

SUR LA LAISSE 93. — Les phrases traditionnelles du combat : à qui échoit le rôle de lancer le défi? — Des insultes d'Aelroth, quelle est celle qui est la plus cruelle pour Roland? — Le combat de Roland et d'Aelroth comporte-t-il beaucoup de péripéties? Le mélange de merveilleux et de réalisme dans la description de la mort d'Aelroth? — Pourquoi fallait-il que Roland donne réponse aux insultes d'Aelroth? — Quel présage semble apporter cette victoire au neveu de Charlemagne sur le neveu de Marsile?

front énorme, on pourrait y mesurer un grand demi-pied. Il a grand deuil, quand il voit son neveu mort, il sort de la foule, et se précipite en avant, pousse le cri de guerre des païens, et injurie les Français : « Aujourd'hui, France la douce va perdre son honneur! » Olivier l'entend, et il en a grande colère, il pique son cheval de ses deux éperons d'or, et va frapper Falseron d'un coup de vrai baron; il lui brise l'écu, rompt le haubert, lui enfonce au corps les pans de son gonfanon, et à pleine lance le désarçonne et l'abat mort. Il regarde à terre, et voyant le glouton étendu il lui dit ces fières paroles : « De vos menaces, misérable, je n'ai point souci. Frappez, Français, car nous les vaincrons. » Il crie : « Monjoie! », le cri de guerre de Charles.

95

vers 1235-1260

Un roi est là : il se nomme Corsablix[1]. Il est de Barbarie, contrée lointaine. Il s'adresse aux autres Sarrasins : « Cette bataille, nous la pouvons bien soutenir, car le nombre des Français est assez faible. Ceux qui sont ici, nous pouvons les considérer comme peu de chose. Jamais Charles n'en pourra sauver un seul. Le jour est venu où il va leur falloir mourir. » L'archevêque Turpin l'a bien entendu : sous le ciel, il n'y a homme qu'il haïsse plus. Il pique son cheval de ses éperons d'or fin, et, avec grand courage, il est allé frapper. Il a brisé le bouclier, défoncé le haubert; de son grand épieu, il lui a traversé le corps, il le projette à terre, le secoue à le tuer. D'un coup de lance, il l'abat mort. A terre, il jette un regard; il voit le méchant qui gît. Il ne laissera pas de lui parler. Et voici ce qu'il dit : « Vil païen, vous

---

1. Malgré la différence de graphie, il s'agit du Corsalis de Barbarie, cité à la laisse 71.

QUESTIONS

SUR LA LAISSE 94. — A qui est réservé le deuxième combat singulier? — Pourquoi Falseron est-il un adversaire digne d'Olivier? Quelles forces maléfiques symbolise-t-il face à Olivier le sage? — Les symétries internes dans cette laisse. — Les symétries par rapport à la laisse 93 : quels éléments se retrouvent en commun? Lesquels sont moins développés qu'à la laisse précédente?

en avez menti : Messire Charles est toujours notre protecteur. Nos Français n'ont pas le cœur de fuir. Vos compagnons, nous les vaincrons tous. Je vous dis une nouvelle : il vous faut mourir. Frappez, Français! Que pas un ne faiblisse! Le premier coup est nôtre, Dieu merci! » « Montjoie! » crie-t-il pour rester maître du champ.

96 vers 1261-1268

Et Gérin frappe Malprimis de Brigal. Son beau bouclier ne lui vaut pas un denier : il lui en brise la boucle de cristal[1]. Une moitié tombe à terre. Le haubert est brisé jusqu'à la chair. Il lui enfonce son bon épieu au corps. Du coup, le païen s'effondre. Satan emporte son âme.

97 vers 1269-1274

Son compagnon Gérier frappe l'émir. Il brise le bouclier, démaille le haubert, plonge son bon épieu dans les entrailles, l'écrase, lui traverse le corps à pleine lance, l'abat mort sur le champ. Olivier dit : « Noble bataille! »

98 vers 1275-1280

Le duc Samson marche sus à l'almaçour[2]. Il brise le bouclier, paré d'or et de fleurons. Son bon haubert le protège mal. Il lui entaille le cœur, le foie et le poumon. Il l'abat mort, sans autre forme de procès. L'archevêque dit : « Ce coup est d'un noble baron! »

99 vers 1281-1288

Et Anséis laisse aller son cheval, et il va frapper Turgis de Tortelose, brise la double maille de son haubert, lui traverse le corps de la pointe de son bon épieu, le frappe d'un

---

1. Le milieu de la face externe du bouclier était légèrement renflé. A l'extrémité, il y avait une pointe le plus souvent, parfois aussi des pierres précieuses : c'était la *boucle*. La boucle n'était pas toujours de cristal. Elle pouvait être en or (voir laisse 98). La boucle de l'écu d'Abîme sera constellée de « rubis, topaze, améthyste, escarboucle, cristal de roche »; 2. *Almaçour* : voir la note 1 de la page 61.

— QUESTIONS —

Sur la laisse 95. — La place accordée à Turpin dans la hiérarchie de la vaillance; quel adversaire lui est réservé? Son cri de victoire et son appel sont-ils très différents de ceux de Roland et d'Olivier?

bras sûr, le traverse de tout le fer, du bout de sa lance le renverse mort sur le champ. Roland dit : « Ce coup est d'un preux. »

100 vers 1289-1296

Et Engelier, le Gascon de Bordeaux, éperonne son cheval, lui lâche la bride, et va frapper Escremiz de Valterne. Il brise le bouclier qu'il porte au cou, en fait des morceaux, rompt la ventaille[1] du haubert, atteint la poitrine entre les clavicules, à pleine lance le désarçonne mort. Après, il lui dit : « Vous voilà perdu ! »

101 vers 1297-1303

Oton, lui, frappe un païen, Esturgant, sur la peau de son bouclier, au bord supérieur. Il enlève et le rouge et le blanc. Du haubert il a rompu les pans, il le traverse de son bon épieu tranchant. Il le fait choir mort de son cheval rapide. Puis il lui dit : « Jamais vous n'aurez de sauveur ! »

102 vers 1304-1310

Et Bérenger frappe Estramariz, brise le bouclier, rompt le haubert, le transperce de son solide épieu ; entre mille Sarrasins il l'abat mort. Des douze pairs[2] dix sont tués ; deux seulement survivent : Chernuble et le comte Margariz.

---

1. *Ventaille* : ouverture qui permet à l'air de passer ; 2. Le poète assimile la hiérarchie des barons musulmans à celle des compagnons de Charles ; la laisse 70 a d'ailleurs préparé une·telle assimilation.

━━ QUESTIONS ━━━━━━━━━━━

Sur les laisses 96 à 102. — Le thème de ce groupe de laisses : les similitudes et les variations d'une laisse à l'autre ; a-t-on trouvé déjà dans la *Chanson* des exemples de ce procédé de composition : sa valeur et son intérêt. — Pourquoi ces laisses sont-elles plus courtes que les laisses 93, 94 et 95 ? — Les guerriers qui se trouvent engagés dans cette suite de combats singuliers (se reporter aux laisses 64 et 69 à 78). Comprend-on maintenant à quoi servait le « catalogue » des combattants ? Quelle est la situation à la fin de la laisse 102, si on se rappelle les prétentions du neveu de Marsile à la laisse 70 ?

CHARLEMAGNE

Statuette équestre en bronze provenant du trésor de Metz.

Cette œuvre de l'art carolingien, imitée de l'art antique, ne saurait être considérée comme un portrait; elle démontre en tout cas que la légende n'a pas encore créé l'image d'un Charlemagne à la barbe chenue.

103

vers 1311-1319

Margariz est un très vaillant chevalier, beau, fort, agile, léger. Il éperonne, court sus à Olivier. Il brise le bouclier sous la boucle d'or pur. Le long des côtes, il a enfoncé son épieu. Dieu l'a protégé : son corps est indemne. La lance casse, il n'est pas tombé. Margariz passe outre, sans encombre; il sonne sa trompe pour rallier les siens.

104

vers 1320-1337

La bataille est merveilleuse et générale, le comte Roland ne se ménage pas. Il frappe de sa lance tant que le bois[1] lui dure, mais quinze coups l'ont brisée et mise hors d'usage. Il tire alors Durendal, sa bonne épée, toute nue, éperonne son cheval et va frapper Chernuble; il lui rompt le heaume où luisent des escarboucles[2], il lui tranche la coiffe[3] et la chevelure, et les yeux et le visage, et son blanc haubert dont la maille est très fine, et tout le corps jusqu'à l'enfourchure; à travers la selle lamée d'or l'épée atteint le cheval, tranche l'échine sans chercher la jointure, et abat morts l'homme et la bête, sur l'herbe drue. Roland dit ensuite : « Misérable! tu vins ici pour ton malheur! Mahomet ne te secourra point. Un glouton[4] comme toi ne gagnera pas la bataille! »

105

vers 1338-1350

Le comte Roland chevauche par le champ de bataille, il tient Durendal qui bien tranche et bien taille; il fait grand massacre de Sarrasins. Si vous eussiez vu jeter un mort sur l'autre, et le sang vermeil couvrir le sol! Tout sanglants sont son haubert et ses bras, et de son bon cheval le cou et les épaules. Olivier n'est pas lent à frapper, et les douze

---

1. La *lance* se compose de deux parties : la hampe de bois, longue, en frêne, et le fer; 2. La calotte d'acier du casque est renforcée à sa base par un cercle de métal : c'est dans le cercle que sont serties les *escarboucles*, c'est-à-dire les rubis; 3. La *coiffe* du haubert : coincée sous le heaume, elle couvrait la nuque; 4. *Glouton* : voir la note 1 de la page 75.

QUESTIONS

Sur la laisse 103. — Quelle péripétie nouvelle contient la laisse 103?

Sur la laisse 104. — Pourquoi faire reparaître Roland au premier plan dans un nouveau combat singulier? Le rythme du combat est-il le même qu'à la laisse 93?

pairs ne méritent aucun blâme. Les Français frappent à coups redoublés. Les païens meurent; certains d'entre eux se pâment. L'archevêque dit : « Honneur à nos barons! » Il crie : « Monjoie!¹ » le cri de guerre de Charles.

106   vers 1351-1366

Olivier chevauche à travers la mêlée, sa lance est brisée, il n'en reste qu'un tronçon; il en va frapper un païen, Malon; il lui brise l'écu, couvert d'or et de fleurons, lui fait jaillir les deux yeux de la tête et la cervelle tombe jusqu'à ses pieds : Olivier le renverse mort parmi sept cents des siens. Puis il a tué Turgin et Estorgous; mais le tronçon² éclate et se fend au ras de son poing. Roland lui dit : « Que faites-vous, compagnon? Point n'est besoin de bâton en telle bataille. Le fer et l'acier seuls valent quelque chose. Où est votre épée que l'on nomme Hauteclaire³? Sa garde est d'or, son pommeau de cristal. — Je ne la puis tirer, dit Olivier, car j'ai trop à faire de frapper! »

107   vers 1367-1380

Sire Olivier a tiré sa bonne épée, qu'a tant réclamée son compagnon Roland; il lui montre comment s'en sert un bon chevalier. Il frappe un païen, Justin de Val-Ferrée; il lui coupe en deux toute la tête, tranche le corps et la broigne⁴ brodée, la bonne selle qui est ornée d'or et de joyaux, et l'échine du cheval. Il abat morts sur le pré l'homme et le cheval. Et Roland dit : « Je vous prends comme frère! C'est pour de tels coups que l'empereur nous aime. » De toutes parts, on s'écrie : « Monjoie! »

---

1. Voir la note 1 de la page 74; 2. Le *tronçon* de la hampe de sa lance; 3. *Hauteclaire* avait appartenu à l'empereur de Rome Closamont. Après la mort de ce dernier, elle devint la propriété du pape, lequel l'offrit à Pépin le Bref; elle fut vendue ensuite à un Juif de Vienne, puis achetée par Girart de Viane, qui, étant en lutte contre Charlemagne, la donna à son neveu Olivier pour combattre Roland : telle est la tradition rapportée par *la Chanson de Girart de Viane*; 4. *Broigne* : voir Lexique, page 24.

——————— QUESTIONS ———————

SUR LES LAISSES 105 à 107. — L'art du récit : comment le poète rend-il le caractère de plus en plus tumultueux de la mêlée? La place réservée à Roland, Olivier et Turpin dans cette narration de la bataille. — Le dialogue entre Roland et Olivier (fin de la laisse 106 et laisse 107) : comment s'expriment chez eux l'enivrement de la lutte? A ce moment, y a-t-il quelque différence entre Roland le preux et Olivier le sage?

108
vers 1381-1395

Le comte Gérin monte le cheval Sorel : Gérier, son compagnon, le cheval Passecerf. Ils lâchent les rênes et éperonnent tous deux. Ils assaillent un païen, Timozel. Ils frappent l'un sur le bouclier, l'autre sur le haubert. Les deux épieux se brisent dans le corps. Ils le retournent mort sur un guéret. Lequel des deux fit le plus vite, je ne le saurais dire. Esperveris par là se trouve encore. Sous Engelier, ce fils de Borel meurt. L'archevêque tue Siglorel, l'enchanteur qui déjà avait vu l'Enfer : par artifice, Jupiter[1] l'y avait conduit. Turpin dit : « Celui-là avait démérité de nous! » Roland répond : « Le vil esclave est vaincu. Olivier, mon frère, voilà les coups que j'aime! »

109
vers 1396-1411

Mais cependant la bataille est devenue plus acharnée : les Français et les païens échangent des coups merveilleux. Les uns attaquent, les autres se défendent. Que de lances brisées et sanglantes, que de gonfanons et d'enseignes en lambeaux! Que de bons Français perdent là leur jeunesse : ils ne reverront plus leurs mères ni leurs femmes, ni ceux de France qui les attendent aux défilés. Charlemagne en pleure et se lamente. A quoi bon? ils n'auront pas son secours.

110
vers 1412-1437

Cependant la bataille est merveilleuse et pesante. Olivier et Roland frappent vaillamment. L'archevêque rend plus de mille coups, les douze pairs ne se mettent pas en reste, et les Français frappent tous ensemble. Les païens meurent

---

1. Nouvelle confusion des mythologies : comme Apollon, Jupiter fait partie des divinités adorées par les Sarrasins.

QUESTIONS

SUR LA LAISSE 108. — Pourquoi ce retour aux combats singuliers? — Qu'a de particulier le combat mené par Gérin et Gérier? N'est-ce pas un exemple de la fraternité d'armes célébrée par la laisse précédente? — Quel ennemi est particulièrement réservé aux coups de Turpin?

SUR LA LAISSE 109. — Quel sentiment, discrètement exprimé, vient ici s'interposer au milieu des fureurs cruelles de la guerre? Dans quels passages a-t-on déjà vu l'émotion se mêler aux images de l'énergie? Qu'en conclure sur la sensibilité du poète de la *Chanson* et sur celle de l'auditoire pour lequel il écrit?

par centaines et par milliers : qui ne s'enfuit n'a aucun secours contre la mort; bon gré, mal gré, il y laisse sa vie. Les Français y perdent leurs meilleurs défenseurs, qui ne reverront point leurs pères ni leurs parents, ni Charlemagne, qui les attend aux défilés.

Mais en France, il y a une merveilleuse tourmente, tempête de tonnerre et de vent, pluie et grêle démesurément, la foudre tombe à coups serrés et répétés, et, en toute vérité, la terre tremble, de Saint-Michel-du-Péril jusqu'aux Saints, de Besançon jusqu'au port de Wissant[1]. Pas une maison dont les murs ne crèvent; en plein midi se produisent de grandes ténèbres. Point de clartés, sinon quand les éclairs fendent le ciel. Tous ceux qui voient ces choses s'épouvantent, et certains disent : « C'est la fin du monde, la consommation du siècle qui est maintenant venue[2]! » Ils ne savent ni ne disent la vérité : c'est le grand deuil pour la mort de Roland !

---

1. Ce sont les limites de la France du Xᵉ siècle : *Saint-Michel-du-Péril* est l'abbaye du Mont-Saint-Michel, à la limite de la Bretagne et de la Normandie; les *Saints* pourraient désigner Cologne, où se trouvait une basilique *(Sancti aurei)* consacrée à des martyrs chrétiens suppliciés sous Dioclétien, ou encore Xanten *(Sanctos)*, sur la rive gauche du Rhin, près de Düsseldorf. *Wissant*, port au nord de Boulogne, était alors très fréquenté par les voyageurs qui partaient pour l'Angleterre; 2. Ces présages effrayants rappellent toute une tradition littéraire, aussi bien païenne que chrétienne : prodiges qui accompagnèrent la mort de César dans *les Géorgiques* (I, 465 et suivants) de Virgile; signes qui accompagnent la mort de Jésus dans l'évangile selon saint Matthieu (27, 45); passage de l'Apocalypse de saint Jean, à l'ouverture du septième Sceau, quand les Sept Trompettes des Sept Sages annoncent la consommation des Siècles. D'autre part, saint Augustin avait fait figurer dans sa *Cité de Dieu* les prophètes de la sibylle Erythrée concernant les signes précurseurs de la fin du monde. Au XIIᵉ siècle, ce texte fut publié isolément sous le titre *les Quinzes Signes du jugement*.

——— QUESTIONS ———

SUR LA LAISSE 110. — Les deux parties de cette laisse. — Le bilan de cette première partie de la bataille. — La tourmente : quel effet l'auteur attend-il de cette description fantastique? d'après la note 2, montrez comment le poète adapte au sujet un élément merveilleux traditionnel. — Pourquoi le poète annonce-t-il déjà la mort de Roland? Est-ce enlever de l'intérêt au récit que d'anticiper ainsi?

● SUR L'ENSEMBLE DES LAISSES 91 à 110. — Étudiez la composition du récit de cette première phase de la bataille : les préparatifs, les combats singuliers, la mêlée.

— La place réservée aux héros : la hiérarchie de la vaillance.

— L'amplification épique dans la description des coups portés par les guerriers; la part laissée à la pitié dans un épisode dominé par la violence.

111

vers 1438-1448

Les Français ont frappé avec cœur et avec force. Les païens sont morts en foule, par milliers. Sur les cent mille il ne s'en est pas sauvé deux. L'archevêque dit : « Nos hommes sont très preux; sous le ciel personne n'en a de meilleurs. Il est écrit dans la Geste des Français [...][1] » Ils vont à travers le champ de bataille, ils recherchent les leurs; ils pleurent de douleur et de pitié sur leurs parents, de tout leur cœur, de tout leur amour. Le roi Marsile, avec sa grande armée, va surgir.

SECOND ENGAGEMENT

112

vers 1449-1466

Marsile vient le long d'une vallée avec la grande armée qu'il a rassemblée, et où il compte vingt corps de bataille. Les heaumes aux pierreries serties dans l'or resplendissent, ainsi que les écus et les broignes[2] brodées. Sept mille clairons y sonnent la charge; grand est le bruit par toute la contrée. Roland dit : « Olivier, mon compagnon, mon frère, le traître Ganelon a juré notre mort; sa trahison n'est que trop évidente. L'empereur en tirera une terrible vengeance. Nous allons avoir une bataille rude et acharnée : on ne vit jamais pareille rencontre. J'y frapperai de Durendal, mon épée, et vous, compagnon, vous frapperez de Hauteclaire. Nous les avons déjà portées en tant de lieux, et nous avons gagné avec elles tant de batailles! Il ne faut pas qu'on chante sur elles de méchantes chansons[3]. »

---

1. Partie du texte altérée dans les manuscrits; 2. *Broigne* : voir Lexique, page 24; 3. Voir la note 1 de la page 68.

▬ QUESTIONS ▬

Sur la laisse 111. — Le rôle de transition de cette laisse; en quoi marque-t-elle un répit dans le récit, sans que l'action s'arrête cependant?

Sur la laisse 112. — Comparez le début de cette laisse à la laisse 81; ressemblances et différences; quelle impression fait cette arrivée d'une troupe ennemie plus puissante que la précédente? — Comparez la seconde partie de la laisse à la laisse 90. Roland a-t-il maintenant plus de certitude sur la trahison de Ganelon? — Comment la vérité, connue dès longtemps de l'auditeur, se révèle-t-elle progressivement aux acteurs du drame? Qu'en conclure sur la manière dont est conçue la progression de l'intérêt?

113

Marsile voit le martyre des siens[1] : il fait sonner cors et trompettes. Puis il chevauche, avec le ban[2] de sa grande armée. En avant chevauche un Sarrasin, Abime. Dans sa compagnie il n'y a plus fourbe que lui. Il porte la marque du mal et des grandes trahisons. Il ne croit pas en Dieu, fils de sainte Marie. Il est noir comme poix fondue. La trahison et le meurtre l'attirent plus que tout l'or de Galice. Jamais nul ne le vit jouer ni rire; il est vaillant et très téméraire. Aussi est-il sympathique au félon roi Marsile. Il porte son dragon, ralliement de la gent sarrasine. Jamais l'archevêque ne l'aimera; à peine l'eut-il vu qu'il voulut le frapper. Calmement il se dit : « Ce Sarrasin me semble bien hérétique. Le mieux est que j'aille l'occire; jamais je n'aimai couard ni couardise! »

114

L'archevêque commence la bataille. Il monte le cheval qu'il enleva à Grossaille, un roi qu'il avait tué au Danemark. Le destrier est bien allant, rapide, il a les pieds bien couplés, les jambes plates, la cuisse courte, la croupe large, les flancs allongés, l'échine bien haute, la queue blanche, le toupet jaune, les oreilles petites, la tête toute fauve[3]. Il n'est bête qui l'égale à la course. L'archevêque éperonne, et avec quelle vaillance! Rien ne l'empêchera d'attaquer Abime! Il court sus, frappe le bouclier digne d'un émir, où luisent améthystes, et topazes, et pierres variées, et escar-

---

1. Des éditeurs, dont Th. Müller et H. Chamard, estiment que l'ordre des laisses à partir de là est peu logique dans le manuscrit d'Oxford. Ils font passer les laisses 113 et 114 après la laisse 126. La présente édition suit rigoureusement le manuscrit d'Oxford; 2. *Ban* : dans le régime féodal, ensemble des vassaux qui doivent le service militaire à leur suzerain; 3. Il y a là une longue description qui étonne : n'oublions pas que le cheval est un compagnon d'armes : on l'honore comme tel. Ainsi en est-il de Veillantif, le cheval de Roland, de Marmore *plus rapide que l'oiseau qui vole* (vers 1614) et de bien d'autres, tel Bayard, le cheval des quatre fils Aymon. Dans *la Chanson d'Aliscans* (vers 504 et suivants), Guillaume, poursuivi par les Sarrasins, s'inquiète lui aussi de la fatigue de son coursier; il le prie de le ramener à Orange, lui fait espérer un long repos. Baucent réagit :

Baucent l'a entendu, et a froncé les naseaux,
Il le comprend comme s'il était homme sensé;
Il remue la tête et a gratté du pied.

QUESTIONS

SUR LA LAISSE 113. — Quel est le premier adversaire qui se présente dans ce nouvel épisode de la bataille? Quelle force maléfique symbolise-t-il? Pourquoi est-ce l'archevêque qui affronte un tel adversaire? — Comment interpréter les derniers mots prononcés par Turpin?

boucles. Au val Métas, un démon l'avait donné à l'émir Galafe. Et l'émir le donna à Abime. Turpin frappe, il ne le ménage pas. Après qu'il a frappé, le bouclier, je crois, ne vaut plus un denier. De part en part, il transperce le Sarrasin. Il l'abat sur la terre nue. Les Français disent : « Voilà une belle vaillance! La crosse est bien en sûreté aux mains de l'archevêque! »

115

Les Français voient qu'il y a tant de païens que la plaine en est toute couverte; ils appellent sans cesse Roland et Olivier et les douze pairs, pour avoir leur secours. Et l'archevêque leur dit toute sa pensée. « Seigneurs barons, pas de lâches craintes! Au nom de Dieu, n'allez point fuir, afin que nul vaillant ne chante sur nous de mauvaises chansons[1]. Mieux vaut, et de beaucoup, mourir en combattant. Il est bien certain qu'ici même nous allons trouver notre fin; ce jour passé, nous ne serons plus en vie. Mais je puis vous être garant d'une chose, c'est que le saint paradis vous attend, et que vous irez vous asseoir parmi les Innocents[2]! » A ces mots, les Français sentent un tel réconfort qu'ils se mettent tous à crier : « Monjoie! »

116

Un Sarrasin était là, de Saragosse — une moitié de la ville est à lui —, Climborin : il n'est pas gentilhomme. Il avait reçu le serment du comte Ganelon. Par amitié[3] il l'avait baisé sur la bouche et il lui avait donné son heaume et son escarboucle. Il honnira, dit-il, la Grande Terre[4]; à l'empe-

---

1. Voir la note 1 de la page 68; 2. *Innocents :* peut-être allusion aux saints innocents (la fête se célèbre le 28 décembre). Peut-être s'agit-il tout simplement des innocents selon l'Écriture, c'est-à-dire des bienheureux; 3. En effet, Climborin a donné son heaume à Ganelon (vers 629, laisse 49); 4. *Grande Terre :* voir la note 2 de la page 51.

QUESTIONS

Sur la laisse 114. — Les éléments traditionnels du combat singulier dans cette laisse. — La place particulière consacrée ici à la description du cheval, quelle catégorie d'auditeurs pouvait se passionner à de tels détails?

Sur la laisse 115. — Le rôle de Turpin : comparez son appel à celui de la laisse 89. — L'état d'esprit des Français au début de cette seconde bataille.

reur il enlèvera la couronne. Il monte le cheval qu'il nomme
Barbamouche, qui est plus rapide qu'épervier ou hirondelle.
Il éperonne bien, lâche la bride. Il court sus à Engelier de
Gascogne. Ni bouclier ni broigne[1] ne le peuvent protéger.
Il lui plante au corps la pointe de son épieu; il l'écrase, le
fer le traverse. A pleine lance sur la plaine, il l'abat. Ensuite
il s'écrie : « Engeance bonne à détruire! Frappez, païens,
pour rompre la presse! » Les Français disent : « Dieu! quel
malheur de perdre un tel chevalier! »

117
vers 1545-1561

Le comte Roland alors appelle Olivier : « Seigneur compagnon, voilà Engelier mort. Nous n'avions pas chevalier plus
vaillant. » Le comte répond : « Dieu m'accorde la vengeance! »
De ses éperons d'or pur il stimule son cheval, il brandit
Hauteclaire; l'acier en luit. De toute sa force, il va frapper
le païen. Il secoue la lame; le païen tombe. Les démons
emportent son âme. Puis il a tué le duc Alphaïen; à Esca-
babi, il a tranché la tête; il a désarçonné sept Arabes. Ceux-ci
sont hors de combat. Roland dit : « Mon compagnon est
irrité. Auprès de moi, il vaut bien son prix. Pour de tels
coups, Charles nous aime mieux. » Très haut, il crie : « Frappez, chevaliers! »

118
vers 1562-1579

D'autre part, voici un païen, Valdabron; il avait armé
chevalier le roi Marsile. Il dispose sur mer de quatre cents
navires rapides; pas un marin qui ne se réclame de lui. Par
trahison, il avait pris le temple de Jérusalem; il avait violé
le temple de Salomon. Il avait tué le patriarche devant les
fonts[2]. Ayant reçu le serment du comte Ganelon, il lui avait

---

1. *Broigne :* voir Lexique, page 24; 2. Les *fonts* baptismaux : il s'agit évidemment du patriarche chrétien; mais l'image de la Jérusalem chrétienne se mêle à
celle de la Jérusalem biblique; en fait, le temple de Salomon, agrandi par Hérode,
avait été rasé en 70 apr. J.-C. par les Romains vainqueurs de la révolte des Juifs.
Cette double allusion s'explique par l'importance que revêt, à l'époque des croisades, la ville des Lieux saints : prise par les Arabes en 637, Jérusalem avait été
reprise par Godefroi de Bouillon en 1099; Saladin devait s'en emparer de nouveau
en 1187.

QUESTIONS

Sur les laisses 116 et 117. — La symétrie de ces deux laisses : quelle
variation est apportée ici au thème du combat singulier? Comparez
ce début de seconde bataille aux combats singuliers qui se sont
succédé de la laisse 93 à la laisse 102 : à quoi voit-on que les chances
de la victoire sont maintenant bien plus faibles?

donné son épée et mille mangons[1]. Il est sur le cheval qu'il appelle Gramimond; il est plus rapide qu'un faucon. Des éperons aiguisés il joue bien. Il court sus au riche duc Samson. Il brise le bouclier, rompt le haubert, lui met au corps les pans de son enseigne[2], d'une lance robuste le désarçonne, l'abat mort : « Frappez, païens, car nous les vaincrons très bien! » Les Français disent : « Dieu, quel deuil! Perdre un tel baron! »

119

Le comte Roland, quand il voit Samson mort, vous imaginez quelle douleur il en put concevoir. Il pique son cheval; à toute force, il court au païen. Il tient Durendal, qui vaut plus que l'or pur. Il court sus, le vaillant, tant qu'il peut. Il atteint le heaume aux pierreries serties d'or. Il tranche la tête, et la broigne[3], et le tronc, et la bonne selle gemmée d'or. Au cheval, il fend l'échine; il les tue tous deux sans souci du blâme ou de l'éloge. Les païens disent : « Ce coup nous atteint fort. » Roland répond : « Je ne puis aimer les vôtres. De votre côté, il y a l'orgueil et le tort. »

120

Il y a là un Africain d'Afrique. C'est Malquiant, fils du roi Malcud. Il est tout brodé d'or; face au soleil, il brille entre tous les autres. Il monte le cheval qu'il appelle Saut-Perdu. Il n'est bête qui puisse le défier à la course. Il court sus à Anséis : il vise le bouclier. Il en fait voler et le vermeil et l'azur. Les pans du haubert, il les a brisés : à travers le corps, il reçoit et le fer et la hampe. Le comte est mort. Il a fait son temps. Les Français disent : « Baron, c'est pitié de toi! »

---

1. *Mangon* : pièce d'or; 2. L'*enseigne* (ou *gonfanon*) de tissu était fixée à la hampe de la lance; celle-ci s'enfonce donc assez profondément pour que les pans de l'enseigne pénètrent dans le corps de Samson; 3. *Broigne* : voir Lexique, page 24.

QUESTIONS

Sur les laisses 118 et 119. — La valeur et le rang des chefs païens qui entrent dans le combat; en quoi Valdabron, comme Climborin, est-il un adversaire dangereux et puissant? — Comparez le groupe des laisses 118-119 à celui des laisses 116-117.

121 vers 1605-1612

Par le champ va Turpin, l'archevêque. Jamais tel tonsuré ne chanta messe, qui ait accompli autant d'exploits. Il dit au païen : « Dieu puisse-t-il t'envoyer tous les maux! Tu as tué un homme que mon cœur me fait regretter. » Son bon cheval, il le lâche en avant. Il frappe le païen sur son bouclier de Tolède. Mort il l'abat sur l'herbe verte.

122 vers 1613-1629

D'autre part est un païen, Grandoïne[1], fils de Capuel, le roi de Cappadoce. Il monte un cheval qu'il appelle Marmore, plus rapide que l'oiseau qui vole; il lâche la rêne, pique des éperons, et va frapper avec force Gérin; il lui brise son écu vermeil qui tombe de son cou, lui ouvre sa broigne, lui enfonce dans le corps tout son gonfanon bleu, et l'abat mort sur une haute roche. Il tue aussi son compagnon Gérier, et Bérenger, et Guy de Saint-Antoine, puis il va frapper un puissant duc, Austorge, qui tient le domaine de Valence et d'Envers sur le Rhône. Il l'abat mort : les païens en ont grande joie et les Français disent : « Comme les nôtres tombent! »

123 vers 1630-1635

Le comte Roland tient son épée sanglante. Il a entendu les Français se lamenter : il en a si grand deuil que son cœur est près de se fendre. « Que Dieu t'accable de maux, crie-t-il au païen. Celui que tu viens de tuer, je vais te le faire payer cher! » Il éperonne son cheval qui s'élance en avant; qui des deux va payer? les voilà en présence.

---

1. Comme le duc Naimes, il est sage et vaillant. Il semble être aux païens ce qu'est le duc Naimes aux chrétiens.

--- QUESTIONS ---

Sur les laisses 120 et 121. — Le nouveau groupe de symétrie constitué par ces deux laisses. — La part privilégiée réservée à Turpin dans ce moment du combat : comment le poète ne manque-t-il pas de marquer, fût-ce par une rapide réflexion, le caractère du prêtre-soldat?

124
vers 1636-1652

Grandoïne était preux et vaillant, courageux et hardi au combat. Sur son chemin il rencontre Roland : il ne l'a jamais vu auparavant, mais il le reconnaît en toute certitude à son fier visage, à la beauté de son corps, à son regard et à sa contenance, et il ne peut s'empêcher d'être épouvanté; il veut s'enfuir, mais il ne le peut pas. Le comte le frappe avec tant de vigueur qu'il lui fend le heaume jusqu'au nasal[1], tranche le nez et la bouche et les dents, et tout le tronc, et le haubert jaseron[2], et la selle dorée aux deux arçons[3] d'argent, et, profondément, le dos du cheval. Homme et bête sont atteints sans remède. Et ceux d'Espagne poussent des cris douloureux. Les Français disent : « Notre défenseur frappe bien! »

125
vers 1653-1662

La bataille est merveilleuse et se précipite, les Français frappent avec force, avec rage, tranchent les poings, les flancs, les échines, les vêtements, jusqu'aux chairs vives, et le sang clair coule en filets sur l'herbe verte. Et les païens, épouvantés : « Grande Terre[4], que Mahomet te maudisse! Par-dessus toute race, ta race est hardie! » Et tous appellent Marsile : « Marsile, chevauche, ô roi, nous avons besoin d'aide! »

126
vers 1663-1670

La bataille est merveilleuse et grande, les Français frappent de leurs épieux brunis. Ah! si vous eussiez vu tant de souffrance, et tant d'hommes morts, et blessés et sanglants! Ils gisent l'un sur l'autre, sur le dos ou la face. Les Sarrasins

---

1. *Nasal* : lame de métal qui, fixée au casque, protège le nez; 2. Haubert entièrement en mailles; 3. *Arçons* : les deux parties cintrées qui se trouvent à l'avant et à l'arrière de la selle; 4. *Grande Terre* : voir la note 2 de la page 51.

QUESTIONS

SUR LES LAISSES 122 à 124. — Comment le thème développé depuis six laisses prend-il une force dramatique plus grande encore? — Les victoires successives de Grandoïne peuvent-elles faire craindre que Roland succombe devant lui? — L'image de Roland au combat : à quoi voit-on qu'il surpasse tous ses adversaires?

ne peuvent en souffrir plus : bon gré, mal gré, ils abandonnent le champ de bataille, et les Français les poursuivent
de vive force[1].

127

Le comte Roland appelle Olivier : « Seigneur compagnon,
reconnaissez-le, l'archevêque est très bon chevalier; il n'y
en a pas de meilleur sur terre et sous le ciel; il sait bien
frapper de la lance et de l'épieu. » Le comte répond : « Allons
donc à son aide! » A ces mots les Français ont recommencé.
Durs sont les coups et la mêlée est lourde. Les chrétiens
sont en grande détresse.

Ah! si vous aviez vu Roland et Olivier frapper de grands
coups de leurs épées! L'archevêque frappe de son épieu. On
peut savoir le nombre de ceux qu'ils ont tués : il est écrit
dans les chartes et les brefs[2], et la Geste dit qu'il en périt
plus de quatre milliers. Aux quatre premiers assauts, les
Français ont eu l'avantage; mais le cinquième leur pèse
lourdement : tous les chevaliers français y sont tués, sauf
soixante que Dieu a épargnés, et ceux-là, avant de mourir,
vendront chèrement leur vie.

---

1. C'est à la suite de cette laisse que Th. Müller place le texte des laisses 113
et 114 (voir la note 1 de la page 85); 2. Les *chartes* et les *brefs* sont des termes
généraux pour désigner les documents officiels.

──────── ● QUESTIONS ● ────────

SUR LES LAISSES 125 ET 126. — Le parallélisme de ces deux laisses :
par quelles images rapides passe-t-on de l'expression de la violence à
celle de la souffrance, de la crainte et de la pitié? — Quelle issue semble
avoir la bataille?

SUR LA LAISSE 127. — Comment se trouvent associés de nouveau les
trois héros de ce combat? — Certains critiques (voir note 1 de la
laisse 113) ont voulu placer avant cette laisse les laisses 113 et 114,
en supposant que des remaniements du texte avaient dérangé l'ordre
primitif du texte; ce déplacement est-il justifiable? Faut-il reprocher
au poète d'avoir en quelques vers fait tourner la bataille en défaite
pour les Français? Comment les combats qui se sont succédé jusqu'ici
rendent-ils vraisemblable que le cinquième assaut soit funeste aux
troupes de Roland? — L'allusion à la geste et aux documents : quelle
autorité donne-t-elle aux faits racontés ici?

● SUR L'ENSEMBLE DES LAISSES 112 À 127. — Étudiez la composition du
récit de cette seconde phase de la bataille, en la comparant à la première phase (laisses 91 à 110). Quels épisodes en constituent encore les
éléments essentiels? Expliquez comment les auditeurs pouvaient se
plaire à ces répétitions.

— En quoi les combats singuliers révèlent-ils que la chance tourne
au détriment des Français? La part que prennent Roland, Olivier et
Turpin à cette partie de la lutte.

L'APPEL DU COR

128

vers 1691-1701

Le comte Roland voit qu'il y a grande perte des siens, il s'adresse à son compagnon Olivier : « Beau[1] seigneur, cher compagnon, au nom de Dieu, qu'en pensez-vous? voyez tous ces bons vassaux qui gisent à terre! Nous pouvons plaindre France la douce, la belle, qui va demeurer privée de tels barons! Ah! roi, notre ami, que n'êtes-vous ici? Olivier, mon frère, comment pourrons-nous faire? Comment lui faire savoir des nouvelles? — Je n'en sais pas le moyen, répond Olivier, mais mieux vaut la mort que la honte! »

129

vers 1702-1712

Roland dit : « Je sonnerai de l'olifant, Charles l'entendra, lui qui est au passage des ports; je vous le jure, les Français reviendront sur leurs pas. » Olivier dit : « Ce serait grande honte et grand opprobre pour vos parents, et ce déshonneur les suivrait leur vie entière. Quand je vous l'ai dit, vous n'en avez rien fait; maintenant, je ne vous approuverai pas de le faire : sonner du cor ne serait pas agir en brave! Mais vous avez déjà les deux bras tout sanglants! — C'est que j'ai donné de beaux coups », répond le comte.

130

vers 1713-1721

Roland dit : « Notre bataille est rude; je sonnerai du cor. Le roi Charles l'entendra. » Olivier dit : « Ce ne serait pas d'un preux! Quand je vous l'ai dit, compagnon, vous

---

1. *Beau* : cher.

■ QUESTIONS ■

SUR LA LAISSE 128. — A quel sentiment cède Roland devant le désastre? Est-il conscient de sa responsabilité? Regrette-t-il vraiment de n'avoir pas sonné plus tôt du cor? — La réponse d'Olivier : quelle valeur dramatique prend-elle quand on se rappelle ce que Roland affirmait à la laisse 86.

SUR LA LAISSE 129. — Pourquoi est-ce Roland qui de lui-même propose de sonner de l'olifant? — Quels sentiments poussent Olivier à désapprouver Roland? La part de l'orgueil dans son refus; dans quelle mesure pourrait-on expliquer l'attitude d'Olivier par ses sentiments comparables à ceux de Ganelon, profondément blessé par l'arrogance de Roland? Pourquoi Olivier fait-il remarquer à Roland qu'il a les deux bras tout sanglants?

n'avez pas daigné le faire. Si le roi avait été ici, nous n'aurions pas subi ce désastre. Ceux qui gisent là n'en doivent pas recevoir de blâme. Par ma barbe! Si je peux revoir Aude, ma gente sœur, vous ne serez jamais dans ses bras[1]! »

131
vers 1722-1736

Roland dit : « Pourquoi contre moi cette colère? » L'autre répond : « Compagnon, c'est votre faute. La bravoure sensée n'a rien à voir avec la folie. La mesure vaut mieux que la témérité. Si les Français sont morts, c'est par votre imprudence; nous ne servirons plus jamais le roi Charles. Si vous m'aviez cru, mon seigneur serait venu, et nous aurions livré et gagné la bataille : ou pris ou mort serait le roi Marsile. Votre prouesse, Roland, aura fait notre malheur! Charlemagne ne recevra plus d'aide de nous. Jamais il n'y aura un homme comme vous jusqu'au jugement dernier. Mais vous allez mourir, et la France en sera déshonorée. Aujourd'hui prend fin notre loyal compagnonnage; avant ce soir nous serons cruellement séparés. »

132
vers 1737-1752

L'archevêque les entend se quereller; il pique son cheval de ses éperons d'or pur, il vient jusqu'à eux, et se met à les reprendre : « Sire Roland, et vous, sire Olivier, je vous prie, au nom de Dieu, de ne pas vous quereller; sonner du

---

1. *Aude*, sœur d'Olivier, fille de Rénier, duc de Gennes (Genève), et nièce de Girart, à qui Charlemagne avait donné en fief la ville de Vienne (Viane), sur le Rhône. Quant aux circonstances qui firent de Roland le fiancé de la belle Aude, elles sont racontées dans *la Chanson de Girart de Viane* (voir le résumé de ces faits à la note 3 de la page 29).

QUESTIONS

Sur la laisse 130. — La montée de la colère chez Olivier : comment se marque son dépit? Quelle est la signification de sa dernière menace? En quoi est-elle injurieuse pour Roland?

Sur la laisse 131. — Sur quel ton Roland prononce-t-il sa réplique à Olivier? Est-ce conforme au caractère que nous lui connaissons? — La sagesse d'Olivier : la rigueur logique de la leçon qu'il donne à Roland. Comparez sa conclusion à celle de la laisse précédente; qu'y a-t-il ici de plus pathétique?

cor ne nous servirait pas; mais, cependant, cela vaudrait mieux. Que le roi vienne : il pourra nous venger, et ceux d'Espagne ne doivent pas s'en retourner gaiement! Nos Français mettront pied à terre, ils nous verront morts et taillés en pièces, ils nous emmèneront en bières, sur des chevaux, ils nous pleureront, pleins de deuil et de pitié, et nous enterreront dans les êtres des moutiers[1] : les loups, les porcs et les chiens ne nous mangeront pas. » Roland répond : « Seigneur, vous avez bien parlé! »

133   vers 1753-1760

Roland a mis l'olifant à ses lèvres, il l'embouche bien, et sonne avec grande force. Hauts sont les monts, et bien longue la voix du cor : à trente grandes lieues on l'entendit faire écho. Charles l'entendit et toute son armée; et le roi dit : « Nos hommes ont bataille. » Le comte Ganelon lui réplique : « Qu'un autre l'eût dit, cela eût paru grand mensonge. »

134   vers 1761-1784

Le comte Roland, à grand peine et grand effort, à grande douleur, sonne de son olifant. Et de sa bouche jaillit le sang clair, et de son front la tempe se rompt : mais le son du cor qu'il tient se répand très loin. Charles l'entend, au passage des ports, Naimes[2] l'entend et tous les Français

---

1. Les *êtres* (ou *aitres*) sont les parties extérieures d'un bâtiment; les *moutiers* sont des *monastères*; 2. *Naimes*. Sur ce personnage, voir la laisse 16.

───────── **QUESTIONS** ─────────

Sur la laisse 132. — Pourquoi Turpin est-il doublement qualifié pour tenir le rôle de conciliateur? Les deux arguments — celui du combattant, celui du prêtre — qui justifient son opinion. — Arrive-t-il réellement à concilier Olivier et Roland?

● Sur l'ensemble des laisses 127 à 132. — Comparez cette querelle à la première querelle des deux héros (laisses 83-88) : le procédé dramatique du renversement des rôles. Est-il vraisemblable, sur le plan psychologique, que Roland et Olivier soutiennent le contraire de ce qu'ils avaient d'abord soutenu?

— Le caractère pathétique de cette querelle entre les deux compagnons, à ce moment de la lutte.

Sur la laisse 133. — La nouvelle situation dramatique : quels en sont les trois éléments essentiels? Les motifs d'espoir; les motifs de crainte.

l'écoutent. Et le roi dit : « J'entends le cor de Roland; il n'en sonnerait pas, s'il n'était en pleine bataille[1]! » Ganelon répond : « Il n'y a pas de bataille. Vous êtes déjà vieux, tout blanc et tout fleuri, et de telles paroles vous font ressembler à un enfant. Vous connaissez bien le grand orgueil de Roland; c'est merveille que Dieu le souffre si longtemps. Déjà il a pris Nobles sans votre ordre[2]; les Sarrasins firent une sortie et livrèrent bataille au bon vassal Roland; il fit laver les prés avec de l'eau pour effacer les traces de sang, afin qu'il n'y parût plus rien. Pour un seul lièvre il va cornant toute une journée; aujourd'hui il se livre à quelque jeu devant ses pairs. Qui donc sous le ciel oserait lui offrir la bataille? Chevauchez donc! Pourquoi vous arrêter? La Grande Terre[3] est très loin devant nous! »

135

vers 1785-1795

Le comte Roland a la bouche sanglante, et de son front la tempe s'est rompue; il sonne de l'olifant avec douleur, avec angoisse. Charles l'entend, et ses Français aussi. Et le roi dit : « Ce cor a longue haleine. » Le duc Naimes répond : « C'est qu'un baron y met toute sa peine! J'en suis sûr, on livre bataille. Celui-là a trahi Roland, qui vous

---

1. Le manuscrit de Venise ajoute quelques détails un peu plus prolixes : « Sainte Marie, aide-nous. Voici que Ganelon m'a jeté en grande tristesse. Il est écrit, dans une vieille geste, que les ancêtres de Ganelon furent des félons. Les félonies chez eux étaient en habitude. Ils en firent une à Rome au Capitole, quand ils assassinèrent le vieux César. Mais ces maudits finirent mal et moururent en feu ardent et angoisseux. Ganelon est bien de leur nature. Il a perdu Roland »; 2. On a identifié Nobles avec le château fort de Nopal, qui commandait la route Barbastro aux Pyrénées et autour duquel on se battit souvent pendant les croisades d'Espagne. D'après certains récits, comme la *Karlamagnussaga* (XIIIᵉ siècle), Roland se serait emparé de Nobles, avec ou sans le consentement de son oncle; en tout cas, il aurait tué, malgré la défense de Charles, le roi Fouré et aurait ensuite essayé d'effacer les traces sanglantes de son meurtre. Mais ces traditions sont peut-être postérieures à *la Chanson de Roland* et pourraient avoir leur source précisément dans cette laisse 134. Voir une première allusion à Nobles à la laisse 14; 3. La *Grande Terre* : voir note 2 de la laisse 45.

QUESTIONS

SUR LA LAISSE 134. — Montrez que cette laisse reprend le mouvement de la laisse précédente; quelle progression subissent les trois thèmes? — Le portrait de Roland fait par Ganelon; de quels traits s'enrichit ici l'image du héros? Quel sentiment Ganelon espère-t-il susciter chez Charlemagne?

conseille de vous dérober! Armez-vous, criez votre cri de guerre, et secourez votre noble maison. Vous avez assez entendu la plainte de Roland! »

136 vers 1796-1806

L'empereur a fait sonner tous ses cors : les Français mettent pied à terre, ils s'arment de haubers et de heaumes, et d'épées ornées d'or; ils ont de beaux écus et des épieux grands et solides, des gonfanons blancs, vermeils et bleus. Tous les barons de l'armée remontent sur leurs destriers; ils piquent des éperons avec ardeur, tant que durent les défilés. Pas un qui ne dise à l'autre : « Si nous voyions Roland avant qu'il ne soit mort, avec lui nous donnerions de grands coups! » Mais à quoi bon! Ils ont trop tardé.

137 vers 1807-1829

L'après-midi et la journée sont lumineuses; sous le soleil reluisent les armures; les haubers et les heaumes flamboient, et de même les écus décorés de fleurs peintes, et les épieux et les gonfanons dorés. L'empereur chevauche en grande colère, et avec lui les Français dolents et courroucés; pas un seul qui ne pleure douloureusement, et qui pour Roland n'ait grand peur.

Le roi fait saisir le comte Ganelon, et il le livre aux gens de sa cuisine. Il appelle leur chef nommé Bégon : « Garde-moi, dit-il, comme on doit faire d'un tel félon! Il a trahi ma maison. » Bégon le reçoit en sa garde, et met auprès de lui cent compagnons de la cuisine, des meilleurs et des pires; ils lui arrachent la barbe et la moustache, chacun lui donne quatre coups de son poing; ils le battent durement à coups de bûches et de bâtons, ils lui mettent une chaîne au cou,

──────────── **QUESTIONS** ────────────

Sur la laisse 135. — Comment se dénoue enfin cette situation dramatique? — Comparez l'intervention de Naimes à celles des laisses 16 et 62; dans quelle mesure sa « sagesse » se confond-elle avec la marche même du destin? Quel rôle dramatique lui est réservé?

¡ Sur la laisse 136. — Comparez cette laisse à la laisse 79; que présage le branle-bas de combat chez les Français, décrit avec les mêmes termes qui racontaient les préparatifs des Sarrasins? — La fin de la laisse : quel effet dramatique contient-elle?

et l'attachent comme ils feraient d'un ours, puis le placent ignominieusement sur un cheval de somme. Ils le gardent jusqu'au moment où ils le rendront à Charles.

138
vers 1830-1841

Hauts sont les monts et ténébreux et grands, profondes les vallées, rapides les torrents[1] ! Les clairons sonnent, en avant et en arrière de l'armée, et tous répondent à l'appel de l'olifant. L'empereur chevauche en grande fureur, et les Français sont courroucés et dolents. Pas un qui ne pleure et se lamente ; ils prient Dieu pour qu'il sauve Roland, jusqu'à ce qu'ils arrivent au champ de bataille, tous ensemble. Alors, tous avec lui, ils frapperont ferme. Mais à quoi bon ? Tout cela ne sert à rien : ils ont trop tardé, ils ne peuvent arriver à temps.

139
vers 1842-1850

Plein de courroux chevauche le roi Charles ; sur sa broigne[2] s'étale sa barbe blanche : avec ardeur, tous les barons de France éperonnent leurs chevaux. Pas un seul qui ne se

---

1. « Quel n'est pas l'étonnement du touriste imbu de ces impressions quand il arrive sur ce plateau spacieux qui s'arrondit comme une large croupe entre des montagnes à pente douce — c'est bien probablement un ancien lac — et qui ne présente aux yeux que des aspects de riante idylle ! » (Gaston Paris, *Revue de Paris*, 1901, page 237.) Or, le poète saxon du *Hruolandes Lied*, lui aussi, représente le théâtre du drame comme un site horrible (vers 33-34). Il est évident que ni le trouvère français ni le poète saxon n'ont jamais visité les Pyrénées, mais, à leurs yeux, cette défaite est inexplicable ; donc, on exagère le caractère sauvage du site pour excuser la défaite. La question a été reprise par René Louis dans les *Studi Monteverdi* (année 1959, tome II, pages 466-493). Selon lui, le site des combats de Roncevaux est le suivant : le chemin qui va du col de Cepeder au col d'Ibañeta ; 2. *Broigne* : voir Lexique, page 24.

QUESTIONS

Sur la laisse 137. — Quelle importance a l'indication du temps placée au début de la strophe ? Quelle solidité donne-t-elle au récit ? — Quelle impression dominante le poète tire-t-il du spectacle de l'armée en marche ? Le rapport entre le décor et les sentiments du roi et de ses guerriers. — Pourquoi le poète insiste-t-il sur le châtiment infamant infligé à Ganelon ? Quel sentiment veut-on susciter chez l'auditeur ?

Sur la laisse 138. — Comparez le début de la laisse à celui de la laisse 66 : comment se précise aussi la symétrie entre deux moments décisifs de l'action ? — Quels thèmes, déjà développés dans les laisses précédentes, se trouvent ici amplifiés et accentués ? Comment le poète crée-t-il l'impression tragique d'une fatalité inexorable ?

lamente de n'être pas auprès de Roland, le capitaine, qui lutte avec les Sarrasins d'Espagne. Il est si gravement blessé qu'à mon avis il n'y survivra pas. Mais Dieu, quels hommes sont les soixante qui restent avec lui! Jamais roi ni capitaine n'en eut de meilleurs.

LE MARTYRE DES FRANÇAIS

140
vers 1851-1868

Du regard, Roland parcourt monts et collines; de ceux de France il en voit tant qui gisent morts, et il les pleure en noble chevalier[1] : « Seigneurs barons, que Dieu vous fasse

---

1. C'est la première fois que Roland ne parvient pas à maîtriser son émotion. Cet attendrissement inattendu a donné lieu à deux interprétations opposées. A. Renoir, dans un article intitulé *Roland's lament : its meaning and function in* « *the Chanson de Roland* » (dans la revue américaine *Speculum*, 1960, tome 35, n⁰ 4, pages 572-583), souligne le rôle très important joué par cette laisse 140 : par elle se réalise l'unité de tout le poème; jusque là, Roland n'a manifesté qu'orgueil et démesure. Maintenant, il devient humble, il reconnaît son erreur : c'est le repentir. Au contraire, G. F. Jones, dans un article intitulé *Roland's lament : A divergent interpretation* (*Romanic Review*, 1962, tome 53, n⁰ 1, pages 3-15), montre que cette notion chrétienne de repentir est absente : selon lui, cette émotion chrétienne est en contradiction avec l'ensemble du caractère du personnage. L'orgueil reste intact. Sa « pénitence » va consister à tuer encore et à expier par une mort terrible, mais glorieuse et conforme à son caractère d'insensé orgueilleux.

QUESTIONS

Sur la laisse 139. — L'art de la transition dans cette laisse; les deux images qui se succèdent ici. Comment le dénouement est-il une fois de plus annoncé?

● Sur l'ensemble des laisses 133 à 139. — Étudiez la composition du récit. Montrez que Roland, présent ou absent, en reste le centre.

— Étudiez l'enchaînement dramatique des faits et leur place dans le plan général du poème : montrez que rien n'est laissé au hasard; que la discussion devant Charles retarde le secours à porter à Roland; que les efforts que fait Roland pour se faire entendre amèneront sa mort; que, par suite, le poète ne veut pas que le héros meure sous les coups des ennemis; que l'arrestation de Ganelon est le prélude de son châtiment, comme l'appel de Roland est le prélude de sa mort glorieuse.

— La juxtaposition de scènes éloignées dans l'espace n'accentue-t-elle pas le caractère dramatique du passage?

— Montrez que le pathétique naît de sources diverses : *a)* de l'opposition entre l'appel angoissant de Roland et l'intervention insidieuse de Ganelon; *b)* du contraste entre l'attitude loyale de Naimes et l'attitude louche de Ganelon; *c)* de la description : faites voir que, d'une part, l'aspect farouche du paysage ajoute à l'inquiétude de Charles et de ses guerriers, qu'il présage l'adversité; et que, d'autre part, un contraste s'établit entre la journée ensoleillée et l'angoisse des chevaliers; d'une manière générale, que les traits descriptifs concourent à l'impression d'ensemble.

merci! Qu'à toutes vos âmes il accorde le paradis! Que parmi les saintes fleurs il les couche! Jamais je ne vis meilleurs vassaux que vous. Si longtemps et en toute circonstance vous m'avez servi! Sous la loi de Charles vous avez rangé de si grands pays! Pour un destin si malheureux l'empereur vous nourrit! Terre de France, vous êtes un pays fort doux, et aujourd'hui une si terrible calamité vous plonge dans le deuil! Barons français, je vous vois mourir pour moi : je ne vous puis protéger ni garantir; que Dieu vous aide, qui jamais ne mentit! Olivier, frère, je ne dois pas vous faillir. De douleur je mourrai si rien autre ne me tue. Sire compagnon, retournons et frappons! »

141 vers 1869-1885

Le comte Roland revient sur le champ de bataille; il tient Durendal, et frappe en preux. Il tranche en deux Faldron de Pui, et vingt-quatre des plus fameux païens. Jamais homme n'aura plus d'ardeur à la vengeance. Comme les cerfs devant les chiens, s'enfuient les païens devant Roland. L'archevêque dit : « Vous combattez vraiment bien! Voilà comment doit se montrer tout chevalier qui porte des armes et chevauche un bon cheval! En la bataille, il doit être fort et fier; autrement, il ne vaudrait pas quatre deniers; autant qu'il soit moine en un moutier[1] quelconque, et qu'il prie tout le jour pour nos péchés. » Roland répond : « Frappez! pas de quartier! » A ces mots les Français se remettent à combattre, et il y a grande perte de chrétiens.

---

1. *Moutier :* voir la note 1 de la page 94.

QUESTIONS

Sur la laisse 140. — L'éloge funèbre des morts : comment sont liés ici les thèmes de la fidélité féodale de l'obéissance au roi, de l'amour de la patrie et de la foi chrétienne? — L'appel à Olivier : Roland n'essaie-t-il pas de renouer l'amitié compromise? par quel moyen? — En vous appuyant sur la note 1 de la page 98, discutez les interprétations de cette laisse.

Sur la laisse 141. — Comment le poète rend-il le caractère farouche et désespéré de la bataille? — La valeur morale des encouragements de Turpin : quelle signification prenait pour l'auditeur de la *Chanson* l'opposition entre le moine et le chevalier?

142

Quand on sait qu'il ne sera pas fait de prisonniers, on se défend avec rage dans une telle bataille. C'est pourquoi les Français sont hardis comme des lions. Voici Marsile, qui semble un vrai baron; il monte un cheval qu'il appelle Gaignon; il l'éperonne, il va frapper Bevon, seigneur de Beaune et de Dijon, il lui brise l'écu et lui rompt le haubert, et l'abat mort, sans plus de façon. Puis, il a tué Ivoire et Ivon, et avec eux Girard de Roussillon. Le comte Roland est tout près de lui, il dit au païen : « Que le seigneur Dieu te maudisse, à grand tort tu m'as tué mes compagnons. Tu vas me le payer avant que nous ne nous séparions, et tu sauras aujourd'hui le nom de mon épée! » En vrai baron, il va le frapper, et lui tranche le poing droit; puis il coupe la tête de Jurfaleu le blond, le fils du roi Marsile. Les païens s'écrient : « A l'aide, Mahomet; et vous, nos dieux, vengez-nous de Charles! Il nous a laissé de tels félons en cette terre, qu'ils aimeraient mieux mourir que céder le terrain. » Et ils se disent les uns aux autres : « Allons! fuyons! » A ces mots cent mille hommes s'enfuient; les rappelle qui veut, ils ne reviendront pas.

143

Mais à quoi bon? Si Marsile s'est enfui, son oncle Marganice[1] est resté. Il tient en sa seigneurie Carthage, Alferne, Garmalie, et l'Éthiopie, une terre maudite[2]. Il règne sur la race noire, sur des gens qui ont un grand nez et de larges oreilles, et il en a avec lui plus de cinquante mille; ils chevauchent fièrement et en grande colère, et poussent tous le cri de guerre païen. Roland dit : « Ici nous recevrons

---

1. Le nom de Marganice figure bien dans le manuscrit d'Oxford; il n'y a donc aucun motif de corriger ce nom en *algalife*, comme le font certains éditeurs, sous prétexte que Marganice n'a jamais encore été cité; 2. Aucune vraisemblance historique dans cette énumération.

QUESTIONS

Sur la laisse 142. — Marsile a-t-il déjà pris directement part au combat? Quelle signification prennent son apparition sur le champ de bataille et son combat singulier avec Roland? — La victoire de Roland est-elle complète? Pourquoi le poète laisse-t-il Marsile survivre au combat?

le martyre; je sais bien que nous n'avons plus longtemps
à vivre; mais félon sera celui qui ne vendra pas sa vie bien
cher! Frappez, seigneurs, de vos épées fourbies, et disputez
et vos morts et vos vies, afin que la douce France ne soit
pas par nous déshonorée. Quand Charles, mon seigneur,
viendra sur ce champ de bataille, quand il verra un tel massacre de païens, et qu'il trouvera quinze de leurs morts pour
un des nôtres, il ne pourra laisser de nous bénir! »

144 vers 1932-1939

Quand Roland voit la gent maudite, plus noire que l'encre,
et qui n'a de blanc que les dents : « Il est certain, dit-il, et
je le sais bien, que nous allons mourir aujourd'hui. Frappez,
Français, je recommence! » Olivier dit : « Honni soit le plus
lent! » A ces mots, les Français foncent sur les ennemis.

LA MORT D'OLIVIER

145 vers 1940-1951

Quand les païens voient que les Français sont si peu, ils
s'enorgueillissent entre eux et se réconfortent. Ils se disent
les uns aux autres : « C'est que l'empereur a tort. » Marganice monte un cheval sauré[1], il le pique de ses éperons d'or,
et frappe Olivier par derrière, en plein dos; dans le corps
même il brise les mailles du blanc[2] haubert, et l'épieu ressort
au milieu de la poitrine. Puis il dit : « Vous avez reçu un
rude coup. Charles vous laissa aux défilés pour votre malheur;
il nous a fait du mal, mais il ne pourra pas s'en féliciter, car,
sur vous seul, j'ai bien vengé les nôtres! »

---

1. *Sauré* : jaune tirant sur le brun; 2. Voir la note 1 de la page 69.

——— **QUESTIONS** ———

Sur les laisses 143 et 144. — Le rebondissement de la bataille :
quelle troupe le poète fait-il surgir pour ce nouvel assaut? Comparez
Marganice et ses hommes à Chernuble (laisses 78 et 104). De quel
univers semblent-ils sortis? — Pourquoi Roland renouvelle-t-il son
appel au sacrifice total? Comparez ses paroles à celles de Turpin au
début de la bataille (laisse 89) : quels sont les deux sentiments qui
sont toujours liés?

LA BATAILLE DE RONCEVAUX

Miniature tirée des *Chroniques et Conquêtes de Charlemagne* (XVᵉ siècle).

Les chevaliers français ont ici l'équipement
des combattants de la guerre de Cent Ans.

Arch. phot. Larousse.

UN MANUSCRIT DE LA *CHANSON DE ROLAND*
Bibliothèque de Châteauroux.

146   vers 1952-1964

Texte.

    Oliver sent que a mort est ferut.
    Tient Halteclere, dunt li acers fut bruns,
    Fiert Marganices sur l'elme a or, agut,
    E flurs e cristaus en acraventet jus;
 5 Trenchet la teste d'ici qu'as denz menuz,
    Brandist sun colp, si l'ad mort abatut.
    E dist après : « Païen, mal aies tu!
    Iço ne di que Karles n'i ait perdut.
    Ne a muiler ne a dame qu'aies veüd
10 N'en vanteras el regne dunt tu fus
    Vaillant a un dener que m'i aies tolut
    Ne fait damage ne de mei ne d'altrui. »
    Après escriet Rollant qu'il li aiut.

Traduction.

    Olivier sent qu'il est blessé à mort; il tient Hauteclaire,
dont l'acier est bruni; il en frappe Marganice sur son heaume
aigu orné d'or; fleurons et pierreries en jaillissent jusqu'à
terre; il tranche la tête jusqu'aux dents, secoue la lame dans
la blessure, et l'abat raide mort. Puis il lui dit : « Païen,
sois-tu maudit! Certes, je ne dis pas que Charles n'ait rien
perdu, mais tu n'iras pas te vanter à ta femme ou à quelque
autre femme de ton royaume de m'avoir pris même un
denier, et d'avoir fait dommage à moi ou à d'autres. » Puis
il appelle Roland à l'aide.

—————— **QUESTIONS** ——————————

    Sur les laisses 145 et 146. — Le dernier combat singulier : qui
oppose-t-il? Pourquoi faut-il qu'Olivier soit frappé par derrière? A-t-on
souvent vu, au cours de la bataille, un combattant abattu de cette
manière? — Ce combat pouvait-il se terminer par une défaite d'Olivier? — Les répliques échangées par les deux combattants : en quoi
représentent-elles le bilan de la bataille pour les deux partis?

Commentaire philologique et grammatical.

Vers 1. — *Ferut :* à l'origine, seuls les participes passés latins en *utum* avaient produit des participes en *u*. Mais l'analogie en a formé un grand nombre, provenant d'ailleurs d'une forme de bas latin. Ainsi *videre* donne *vidutus*, d'où *veü ; ferire, ferutus,* « frappé ».

Vers 2. — *Acers :* le nom latin classique *acies,* « le tranchant », avait donné le latin vulgaire *aciarium.* Les dérivés franciens ont gardé la diphtongue *ie (acier),* mais en anglo-normand cette diphtongue se réduit régulièrement à *e.* — *Fut :* on trouve fréquemment le passé simple là où nous employons l'imparfait de l'indicatif pour faire une description ou un portrait. — *Brun* vient du germanique *brun* (allemand *braun*); c'est ici le premier exemple du mot en français.

Vers 3. — *Fiert* (du lat. *ferit*) : *rt* ne fait pas entrave et *e* ouvert accentué donne *ie.* — *Elme,* écrit parfois aussi *helme,* vient du francique *helm* (allemand *Helm,* « casque »). Dans les *Gloses de Reichenau,* on trouve la forme *helmus* (VIIIe siècle), qui a donné le français *heaume.* — *A or :* l'emploi de la préposition *à* est beaucoup plus souple qu'en français moderne; elle n'indique toutefois pas ici la matière même du casque, mais celle de ses ornements (comme on dit encore chapeau *à* plumes). — *Agut* (du lat. *acutum*) : dès le XIIIe siècle apparaît la forme moderne *aigu,* refaite par analogie sur l'adjectif *aigre ;* au XVIe siècle, *aigu* se substitue définitivement à *agu.* Le heaume avait en effet une forme conique.

Vers 4. — *Acraventet* a pour étymologie *crepare* (« crever »), dont le participe présent *crepantem* a servi à créer le verbe *crepantare,* qui a donné *cravanter* et son composé *acraventer,* « éclater ». — *Jus :* « en bas », « à terre ».

Vers 6. — *Colp :* forme ancienne de *coup* (du lat. *colaphus,* transcrit en bas latin du grec *colaphos*).

Vers 8. — *Iço... que :* ceci... à savoir que. Le *i* de *iço* semble bien être, comme dans *icelui, itout, itant, itel* et *ici,* un élément à valeur démonstrative. — *Di* (du lat. *dico*) : orthographe régulière à la première personne; la forme *dis* actuelle vient d'une analogie avec les verbes inchoatifs latins comme *cresco, senesco,* où *se* donnait, même à la première personne, un *s* terminal. — *Karles :* forme du cas sujet avec un *s.*

Vers 10. — *El :* en le. — *Regne :* royaume (sens qu'avait le latin *regnum*).

Vers 11. — *Tolut :* participe passé du verbe *toldre* ou *tollir* (du lat. *tollere*), « enlever », « ravir ». — Dans ce vers, le mot *vaillant* doit être pris comme une sorte de nom : « Que tu ne m'aies enlevé la valeur d'un denier. »

Vers 13. — *Aiut* vient de *adjutet* (verbe *adjutare* refait sur *adjuvare*). Le français a toujours répugné à admettre la succession des voyelles *i-u :* la forme *aide* a été refaite après.

147   vers 1965-1977

Texte.

Oliver sent qu'il est a mort nasfret.
De lui venger ja mais ne li ert sez.
En la grant presse or i fiert cume ber,
Trenchet cez hanstes e cez escuz buclers
5 E piez e poinz e seles e costez.
Ki lui veïst Sarrazins desmembrer,
Un mort sur altre geter,
De bon vassal li poüst remembrer.
L'enseigne Carle n'i volt mie ublier :
10 « Munjoie! » escriet e haltement e cler,
Rollant apelet, sun ami e sun per :
« Sire cumpaign, a mei car vus justez!
A grant dulor ermes hoi desevrez. »

Traduction.

Olivier sent qu'il est blessé à mort. Jamais il ne sera lassé
de se venger. Au plus fort de la foule, il frappe en baron,
vous taille épieux et boucliers, pieds et poings, selles et échines.
Qui l'aurait vu démembrer les païens, jeter le mort sur le
mort, d'un bon vassal il aurait le souvenir. Le cri de guerre
de Charles, il n'a garde de l'oublier : « Monjoie[1]! » crie-t-il
haut et clair, il appelle Roland, son ami et son pair : « Sire
compagnon, venez donc tout près de moi! Avec grande
douleur aujourd'hui nous serons séparés. »

---

1. *Monjoie!* : voir la note 1 de la page 74.

QUESTIONS

Sur la laisse 147. — L'effet produit par la reprise du début de la
laisse précédente. — A l'approche de la mort, quelles passions semblent
vouloir s'exprimer avec une force encore plus grande?

Commentaire philologique et grammatical.

Vers 1. — *Nasfret :* participe passé du verbe *nasfrer (navrer)* [francique *narwa*].

Vers 2. — Littéralement : « de se venger jamais il ne lui sera assez »; cet emploi de *lui*, pronom tonique après une préposition en tête de la phrase, se poursuivra jusqu'au XVIe siècle; aujourd'hui, on utilise le pronom atone proclitique. — *Fiert* est l'indicatif présent du verbe *férir* (voir le vers 3 de la laisse 146). — *Cume* vient du latin *quomo*, pour *quomodo*. On trouve aussi la forme *com*. — *Ber :* le mot germanique *baro* a donné en français *ber ; baronem* a donné *baron* (cas régime).

Vers 4. — *Hanste* (du lat. *hasta*) : épieu ou lance. — *Ces :* démonstratif qui a la valeur de l'article, avec cependant une nuance; on désigne ainsi des choses qu'on s'attend à rencontrer. — *Buclers* est ici un adjectif : ainsi, un « escus buclers », c'est un « écu bombé », ce que nous appelons un bouclier. On trouve d'ailleurs indifféremment *boucler* (venant de *bucullarem*) et *bouclier* (venant de *bucullarium*).

Vers 6. — *Veïst :* imparfait du subjonctif du verbe *veoir*. A cet imparfait du subjonctif correspond au vers 8 un autre imparfait du subjonctif, *poüst*, du verbe *pooir* (tiré de l'infinitif vulgaire *potere*, pour *posse*). En effet, le conjonctif *qui* marque le doute : il exprime une hypothèse généralisée. Il peut ainsi se traduire « si quelqu'un, si l'on... ».

Vers 7. — *Altre :* en latin vulgaire, *alter* a éliminé *alius* dans le sens de « l'autre ». Il a donné *altre*, dont nous avons ici la première apparition. En ancien français, ce mot n'est pas précédé de l'article. — *Geter*, graphie pour *jeter*, apparaît pour la première fois dans la *Séquence de sainte Eulalie* (Xe siècle). Ce verbe vient du latin vulgaire *jectare*, pour *jactare*.

Vers 8. — *Li* est la forme tonique du pronom; le verbe *remembrer* est intransitif dans le sens de « remettre en mémoire » (français moderne *remémorer*). On peut remarquer que l'assonance *desmembrer - remembrer* aboutit ici à une rime plus que riche.

Vers 9. — *Enseigne* vient de *insignia*, neutre pluriel pris pour un féminin singulier. Le sens premier est : « ce qui différencie (un combattant) »; ensuite, le cri de guerre, ou l'étendard particulier à chaque chevalier. *I :* en ces circonstances. — *Ublier* vient du lat. *oblitare*, refait sur *oblitus*, participe régulier du verbe *obliviscor* en latin classique.

Vers 12. — *Cumpaign :* ce nom vient de *cum* et de *panis ;* littéralement : « celui qui mange le pain avec ». Le cas régime est *compagnon*. — *Car* renforce l'impératif. — *Juster* vient de *juxtare*, placer auprès.

Vers 13. — *Hoi :* maintenant. Ce mot vient de *hodie*, qui a donné *hui*, comme *noctem* a donné *nuit*. En anglo-normand, *ui* a tendance à devenir *oi*.

148   vers 1978-1988

Texte.

Rollant reguardet Oliver al visage :
Teint fut e pers, desculuret e pale.
Li sancs tuz clers par mi le cors li raiet :
Encuntre tere en cheent les esclaces.
5 « Deus! » dist li quens, « or ne sai jo que face.
Sire cumpainz, mar fut vostre barnage!
Jamais n'iert hume ki tun cors cuntrevaillet.
E! France dulce, cun hoi remendras guaste
De bons vassals, cunfundue e chaiete!
10 Li empere en avrat grant damage. »
A icest mot sur sun cheval se pasmet.

Traduction.

Roland regarde Olivier au visage : il le voit livide, blême,
pâle. Le sang tout clair le long de son corps lui coule : sur
le sol en tombent les caillots : « Dieu! dit le comte, maintenant je ne sais quoi faire. Sire compagnon, c'est grand pitié
que votre valeur! Jamais il n'y aura ton égal. Eh! France
douce, comme aujourd'hui tu resteras dépouillée de bons
vassaux, terrassée et déchue! L'empereur en aura grand
dommage. » Là-dessus sur son cheval il se pâme.

─────── **QUESTIONS** ───────

SUR LA LAISSE 148. — Le réalisme dans l'image de la mort sanglante.
Cette image suscite-t-elle chez Roland des sentiments nouveaux? A-t-il
un seul instant le sentiment d'être responsable de la mort d'Olivier
comme de celle des autres preux? — Par quel sentiment est provoquée
sa défaillance à la fin de la laisse?

SUR LA LAISSE 149. — Comment le poète accentue-t-il tous les éléments pathétiques de ce dernier malentendu entre Roland et Olivier?
— Pourquoi Roland peut-il croire qu'Olivier lui cherche querelle
(voir les laisses 129-131)? — Le caractère sublime du dénouement :
sur quels sentiments se séparent les deux amis? Comment se réalise la
prédiction d'Olivier (fin de la laisse 131)?

Commentaire philologique et grammatical.

Vers 1. — *Regardet* (du francique *wardon*, à rapprocher de l'allemand *waren*, *warnen*, *warden*). Dans les *Gloses de Reichenau*, on voit *respectant* glosé en *revardant*. La racine francique a fini par prévaloir sur la racine latine. — *Al (au)*. Il faut partir de *ad illum*, qui a donné *al*; mais *ad illos* a donné *als*; lorsqu'un mot commençant par une consonne suivait, il y avait *aus* et non plus *als* (règle dite « des trois consonnes »). Sur le pluriel on devait refaire *au*, qui est notre forme actuelle.

Vers 2. — *Fut* : il y a là un emploi latin, car la forme latine *fuit* se traduit en effet fréquemment par « était ». En ancien français, on a de préférence *fu* et non *fut*; le *t* est venu de l'analogie de *mist*, *vint*, etc. En anglo-normand, toutefois, la forme *fut* s'est généralisée de bonne heure. — *Pers* vient du bas latin *persus*, variante de *persicus* : cet adjectif signifie « de couleur sombre, entre le bleu et le violet ». — *Pale* vient de *pallidum*. La forme phonétiquement régulière serait *pallede*; *pâle* vient de la suppression de la dernière syllabe non accentuée. Ainsi *imaginem* a donné *imagene* et *image*; *virginem* a donné *vergene* et *vergne*.

Vers 3. — *Tuz* et non *toz*. L'o fermé est noté *u* par les scribes anglo-normands. En effet, il représente à la fois l'*o* fermé et l'*u* ouvert. Ainsi, *florem* a donné *flor*, et *diurnum* a donné *jor*. Même remarque à propos de *desculuret*. — *Raiet* vient de *radiare*, verbe construit sur *radium*.

Vers 4. — *Encontre* : mot composé de *in* et de *contra*; c'est une préposition renforcée. Sortie de l'usage au XVIe siècle, elle n'existe plus que dans l'expression « à l'encontre de ». — *Esclaces* : déverbal de *esclacier* (celtique *sclanjan*). Plus tard, à côté de *esclater*, on a créé le mot *esclat*.

Vers 6. — *Barnage* : qualité de baron. Ce nom revêt deux sens : l'ensemble des barons et, ici, la qualité par excellence d'un baron, c'est-à-dire la vaillance.

Vers 7. — *Tun cors (corpus)* [toi]. — Le verbe *contrevaloir* a deux sens : 1° se bien porter; 2° avoir la même valeur qu'un autre objet, qu'une autre personne.

Vers 8. — *Remendras* : on attendrait la forme *remandras*, venant de *remanere habes* (formation des futurs simples). Mais il s'agit ici d'un futur refait sur l'infinitif *remeindre*, forme anglo-normande pour *remaindre*. Ainsi le latin *planum* a donné *plain* en francien et *plein* en anglo-normand. — *Guaste* : adjectif déverbal, construit à partir de *guaster*, venu de *vastare* et transformé sous une influence celtique.

Vers 9. — *Chaiete* vient de la forme latine *cadecta*, forgée au lieu de *casa* sous l'influence de *benedicta*. De là viennent les formes *chaiete* et *chaoite*. De *ca duta* sont venues *cheue* et *chue*.

Vers 11. — *Pasmet*, transcription du grec *spasma*, est devenu *pasmus* par dissimilation consonantique (un des deux *s* est tombé), puis *espasmus*, par prothèse de *e* (comme dans *sponsus*, devenu *esponsus*, époux). On a eu ainsi *espasmer*, compris comme *ex-pasmer*; d'où *pasmare* et *pâmer*.

149   vers 1989-2009

Texte.

   As vus Rollant sur sun cheval pasmet
   E Oliver ki est a mort naffret.
   Tant ad seinet li oil li sunt trublet.
   Ne loinz ne près ne poet vedeir si cler
5 Que reconoistre poisset nuls hom mortel.
   Sun cumpaignum, cum il l'at encuntret,
   S'il fiert amunt sur l'elme a or gemet,
   Tut li detrenchet d'ici qu'al nasel;
   Mais en la teste ne l'ad mie adeset.
10 A icel colp l'ad Rollant reguardet,
   Si li demandet dulcement e suef :
   « Sire cumpain, faites le vos de gred?
   Ja est ço Rollant, ki tant vos soelt amer!
   Par nule guise ne m'aviez desfiet! »
15 Dist Oliver : « Or vos oi jo parler.
   Jo ne vos vei, veied vus Damnedeu!
   Ferut vos ai, car le me pardunez! »
   Rollant respunt : « Jo n'ai nient de mel.
   Jol vos parduins ici e devant Deu. »
20 A icel mot l'un a l'altre ad clinet.
   Par tel amur as les vus desevred.

Traduction.

   Voilà Roland pâmé sur son cheval et Olivier qui est blessé
à mort. Il a tant saigné que ses yeux se sont troublés. Ni
loin ni près il ne peut voir assez clair pour distinguer homme
qui vive. Comme il s'est trouvé face à son fidèle compagnon,
si bien il frappe sur son heaume d'or gemmé qu'il fend tout
jusqu'au nasal; mais il ne l'a pas blessé à la tête. A ce coup,
Roland l'a regardé, et lui demande doucement et suave-
ment : « Sire compagnon, le faites-vous de votre gré? C'est
moi Roland, qui vous aime tant! En aucune façon vous ne
m'aviez défié! » Olivier dit : « Maintenant je vous entends
parler. Je ne vous vois pas. Puisse le Seigneur Dieu vous
voir! Je vous ai frappé, pardonnez-moi! » Roland répond :
« Je n'ai aucun mal. Je vous pardonne ici et devant Dieu. »
Sur ce mot, ils s'inclinent l'un vers l'autre. C'est en un tel
élan d'amour que les voilà séparés.

———— **QUESTIONS** ————

Sur la laisse 149. — Voir les questions page 108.

Commentaire philologique et grammatical.

Vers 1. — *As vus.* On trouve plus souvent la forme *es vos* : « vous voici », « voici », qui vient de *ecce vobis.* On trouve aussi *es le vos, es te vos.* Entre le représentatif *es* et le pronom *vos*, qui est un datif éthique, on intercale un pronom régime. Même construction avec un nom : *es vos Guenes* (cas sujet) : « voici Ganelon » ; *es vos Ganelon* (cas régime) : même sens. Il y a un pluriel : *estes vos*, où l'adverbe devient verbe. Comment expliquer *as vos, as le vos* (voir vers 21)? Il y a dissimilation vocalique à distance : *es les vos* est devenu *as les vos* (comme *sigillum*, qui a donné *sagelle* et non *segelle* en vieux provençal). Après *as vos*, on a ici le cas régime. — *Sur* vient d'un croisement entre *super* et *sursum* (lat. vulg. *susum*) : d'où *sobre* et *sor.*

Vers 2. — *Naffret* : graphie pour *nasfret* (voir, page 107, la remarque sur le vers 1).

Vers 3. — « Il a tellement... que. » Au lieu d'une période consécutive, l'ancien français use d'une juxtaposition au lieu d'une subordination. — *Seinet :* l'*n* mouillé ne s'est développé que dans le latin parlé. D'où les graphies *n, in* figurant *gn.* Ici, il a existé un verbe *sanguinare*, avec chute ancienne de *u.* Même phénomène dans *plangentem*, qui a donné *plaignant*, et dans *fingentem*, qui a donné *feignant.* — *Trublet* vient de *turbulare*, construit sur *turbulus*, adaptation de *turbidus* (influencé par *turbulensus*); et métathèse : *tor* devenu *tro.*

Vers 4. — *Poet* vient du latin vulgaire *potet* (verbe *potere, potes*, refait sur *debere, debes*). — *Vedeir* vient de *videre.* Dans les manuscrits anglo-normands du XIIᵉ siècle, ce *d* est maintenu dans la graphie (c'est tantôt *th*, tantôt *dh*, tantôt *d*). G. Paris et Clédat ont partout restitué le *d*, ce que J. Bédier trouve excessif (toutes ces graphies témoignent d'une hésitation dans la prononciation).

Vers 5. — *Poisset* vient de *possiat*, pour *possit* (flottement *oi, ui*). — *Nuls :* ici l'*s* du cas sujet figure; ce n'est pas une règle absolue dans la *Chanson.* L'expression *nuls hom* insiste sur l'idée d'indéfini.

Vers 8. — *D'ici que* : « jusque ». On trouve aussi l'expression *de ci que.* — *Nasel* vient de *nasale*, avec le deuxième *a* long. Il y a eu deux formes : *nasellum*, qui a donné *nasel* et *naseau ; nasalem*, avec deux *a* longs, qui a donné *nasel* (même phénomène que dans *natalem*, qui a donné *noël*). *Nasal* est une forme refaite par les savants.

Vers 11. — *Suef* vient du latin *suave.*

Vers 12. — *Faites le vos?* : « le faites-vous? » Le pronom *le* est postposé, phénomène déjà rare. — *De gred* : « de votre plein gré » (l'expression vient de *de gratum*).

Vers 13. — *Est ço Rollant.* De cette expression est sorti notre moderne *c'est moi*, qui a finalement supplanté *ce suis-je.* Noter aussi l'inversion que nous avons conservée après certains adverbes. — *Soelt* vient de *solet.*

Vers 14. — *Guise* est à rapprocher du haut allemand *wisa.* — *Desfiet* est composé de *de* + *ex* + *fidare.* Il signifie d'abord « renoncer à la foi jurée », puis « attaquer ».

Vers 16. — *Damnedeu* vient de *domine deum.* On trouve aussi *damledieu* et *dambu-dieu*, altérations probablement voulues.

Vers 20. — *Clinet* (du lat. *clinare*) : « pencher ». Il n'en est resté que *incliner.*

Vers 21. — *Desevred :* composé de *sevrer.* Il faut partir de *seperare*, forme du latin vulgaire, et non de *separare.*

150   vers 2010-2023

Texte.

Oliver sent que la mort mult l'angoisset.
Ansdous les oilz en la teste li turnent,
L'oïe pert e la veüe tute;
Descent a piet, a la tere se culchet,
5 Durement en halt si recleimet sa culpe,
Cuntre le ciel ambesdous ses mains juintes,
Si priet Deu que pareïs li dunget
E beneïst Karlun e France dulce,
Sun cumpaignun Rollant sur tuz humes.
10 Falt li le coer, le helme li embrunchet,
Trestut le cors a la tere li justet.
Morz est li quens, que plus ne se demuret.
Rollant li ber le pluret, sil duluset;
Jamais en tere n'orrez plus dolent hume.

Traduction.

Olivier sent que la mort l'angoisse beaucoup[1]. Les deux
yeux lui tournent dans la tête, il perd l'ouïe et la vue entièrement; il quitte sa monture, s'étend à terre. Fermement, à haute
voix, il dit sa coulpe. Vers le ciel, il a élevé ses deux mains
jointes, et il prie Dieu de lui donner le paradis, de bénir
Charles et la douce France et, par-dessus tous les hommes,
son compagnon Roland. Le cœur lui manque, le heaume
retombe, tout son corps s'affaisse contre terre. Le comte
est mort, il n'a pu prolonger son séjour. Roland le preux
le pleure et s'afflige; jamais sur terre vous n'entendrez homme
plus douloureux.

---

1. Sur cet épisode de la mort d'Olivier se greffe, au XIIIᵉ siècle, un fragment du
roman de *Galien*. Il y est rapporté que Galien, fils d'Olivier et de la fille de l'empereur de Constantinople (de cette union il est longuement question dans le *Pèlerinage
de Charlemagne*), recherchait précisément son père depuis fort longtemps et qu'un
heureux hasard lui permit de recevoir son dernier soupir. Sa douleur n'en fut
que plus vive. Il devint empereur de Constantinople, mais quitta bientôt cette ville
pour un pèlerinage au tombeau d'Olivier : là, il fut pris d'un tel accès de déses-
poir qu'il mourut.

─────── **QUESTIONS** ───────

Sur la laisse 150. — Le sobre réalisme dans la description de la
mort et la simplicité grandiose des gestes chrétiens forment-ils contraste
ou s'harmonisent-ils? — Le caractère profondément émouvant de
cette laisse.

Commentaire philologique et grammatical.

Vers 1. — *Oliver*, sans *s* au cas sujet : le sens de la déclinaison est déjà en train de disparaître. Même remarque à propos de *Rollant* (quatre exemples seulement de *Rolanz*). — L'*o* de *angoisset* assone avec l'*u* de *turnent*, lequel assone avec *tute*, *culchet*, *culpe*. *Angoisset* vient régulièrement de *angustiat*.

Vers 2. — *Ansdous :* accusatif pluriel de *andoi*, lequel vient de *ambo dui*, forme attestée dès le IIIᵉ siècle.

Vers 3. — *Oïe :* déverbal formé sur un participe neutre pluriel (de *audita :* choses entendues, d'où « action d'entendre ». Même évolution pour *viduta*, qui a donné *veüe*, vue. Notez que l'*e* muet compte au point de vue métrique : *L'oïe pert* compte pour quatre syllabes; *veüe* compte pour trois syllabes.

Vers 4. — *Culchet* vient de *collocat*, cas rare où un verbe composé reste, en latin vulgaire, accentué sur le préverbe : l'accent de *collocat* est en effet sur *col*. Cela s'explique parce que *locare*, avec un *o* bref en latin, avait pris un sens juridique (« prendre à louage »). *Collocare* ayant le sens de « parler », une différence de sens s'était introduite entre *locare* et *collocare*.

Vers 5. — Ce vers a une syllabe de trop : *durement* est peut-être une graphie anglo-normande pour *durment*. — *Recleimet* de *reclamat* : il crie pour demander réciprocité, protection. D'où : il demande la protection de Dieu, il prie. — *Coulpe* est une reformation sur *culpa*, « la faute » : il s'agit de distinguer ce mot de « coupe », tiré de *cuppa*.

Vers 6. — *Juintes : juncta* a donné *jointe*. Cet *o* fermé noté *u* assone avec *colpe*. — *Ambesdous* vient de *ambas duos* (la forme *dous* ne peut pas représenter une forme *duas* qui donnerait *does* ou *doues*). On peut comparer cette forme au masculin *ansdous* du vers 2.

Vers 7. — *Pareïs* vient du latin *paradisus* avec un *i* long, transcription du grec *paradeisos*, lui-même emprunté au persan. On trouve aussi la forme *parvis* (ancien français de *parevis*). — *Dunget :* subjonctif issu d'une forme latine *doniat*, faite par analogie sur la forme *capiat*.

Vers 8. — *Karlun :* cas régime; forme fréquente avec les noms germaniques. *K* est une graphie anglo-normande. — *Douce : dulcem*, a donné *douz*. Le neutre pluriel *dulcia* a été pris de bonne heure pour un féminin singulier, et on a eu *dulcia :* « douce ».

Vers 10. — *Le* est un des premiers exemples de cette forme de l'article au cas sujet. Normalement, on devrait avoir *li*, mais en réalité le verbe *falt* pouvait être senti comme une forme impersonnelle (« il lui manque le cœur »), dont *le coer* serait complément; même remarque pour les deux constructions suivantes. — *Embrunchet :* « fait pencher en avant ». L'origine en pourrait être *pronicare*, fait sur l'adjectif *pronus*, qui aurait donné d'abord *prunchier*, puis *bruncher*.

151   vers 2024-2034

Texte.

Or veit Rollant que mort est sun ami,
Gesir adenz, a la tere sun vis.
Mult dulcement a regreter le prist :
« Sire cumpaign, tant mar fustes hardiz!
5 Ensemble avum estet e anz e dis,
Nem fesis mal ne jo nel te forsfis.
Quant tu es mor, dulur est que jo vif. »
A icest mot se pasmet li marchis
Sur sun ceval que cleimet Veillantif.
10 Afermet est a ses estreus d'or fin :
Quel part qu'il alt, ne poet mie chaïr.

Traduction.

Alors Roland voit que son ami est mort, étendu, face
contre terre. Très doucement il commença l'adieu : « Sire
compagnon, c'est pitié de votre hardiesse! Ensemble nous
avons été et des années et des jours, jamais tu ne me fis de
mal ni je ne t'en fis. Maintenant que te voilà mort, ce m'est
douleur de vivre. » A ces mots, le marquis se pâme sur son
cheval, qu'il nomme Veillantif. Il s'est raffermi sur ses étriers
d'or fin : par où qu'il penche, il ne peut tomber.

─────── **QUESTIONS** ───────

SUR LA LAISSE 151. — L'adieu funèbre est un lieu commun de la poésie
épique : citez-en d'autres exemples dans *la Chanson de Roland* ou dans
d'autres poèmes épiques du Moyen Age. — Montrez que la concision
est ici plus émouvante qu'une longue oraison funèbre : d'où vient
ici l'impression de sincérité? — Le chevalier et sa monture : n'a-t-on
pas l'impression qu'ils forment un seul et même personnage jusqu'à
la mort? Le tableau que forment maintenant Olivier et Roland.

● SUR L'ENSEMBLE DES LAISSES 140 à 151. — Étudiez la progression dramatique de cette dernière partie de la bataille. Quelle intensité prennent
ces épisodes quand on sait que Charlemagne s'est mis en route pour
porter secours aux siens?

— La mort d'Olivier : comment s'harmonisent la fureur du combat,
les images réalistes de la mort et l'élévation des sentiments?

Commentaire philologique et grammatical.

Vers 1. — *Sun :* forme du cas complément, et non du cas sujet *ses*, comme on s'y attendrait ; le sens de la déclinaison est déjà altéré en dialecte anglo-normand. La même remarque s'applique à *mort*, alors que l'on attendrait *morz*, qu'on a trouvé au vers 12 de la laisse 150.

Vers 2. — *Adenz* vient de *ad dentes :* littéralement « les dents à terre ». — *Dulcement :* voir ce qui a été dit de *douce* (laisse 150, vers 8).

Vers 3. — *A regreter le prist :* « se mit à le regretter »,

Vers 4. — *Mar* vient de *mala hora* (« avec malchance »).

Vers 5. — *Avum*, désinence anglo-normande : *um, om,* venant de *omu,* qui a remplacé *omus, amus, emus* (l's ayant disparu, considéré comme signe de la 2e personne).

Vers 6. — *Fesis* vient de *fecisti.* — *Fors :* préfixe qui implique l'idée d'illégitimité.

Vers 7. — *Mor :* pas de *t,* tombé pour des raisons dialectales. — *Vif :* indicatif présent du verbe *vivre ;* aujourd'hui, on emploierait le subjonctif ; en ancien français, on considère la pensée comme une réalité.

Vers 8. — *Marchis :* selon O. Bloch, ce mot est dérivé de *marche :* « frontière », d'après l'italien *marchese.*

Vers 9. — *Cleimet : clamat* devient *claime* et, en anglo-normand, *cleime.*

Vers 10. — *Afermet* est le participe passé du verbe *afermer,* venu étymologiquement de *affirmare,* « affermir ». Il a été usité en ce sens jusqu'au XVIe siècle. — *Estreus :* pour *estrieus.* De même *ester* pour *estrier, oliver* pour *Olivier.*

Vers 11. — *Alt :* subjonctif d'un verbe *alare,* attesté dans les *Gloses de Reichenau,* et dont l'origine est assez mystérieuse. On pense qu'il faut remonter au verbe *ambulare :* chez l'écrivain militaire Végèce (IVe siècle), *ambulare* signifie « marcher au pas ». Le commandement militaire *ámbula* (avec accent sur la première et la dernière syllabe) aurait donné *alla,* impératif sur lequel on aurait refait un infinitif *allare.* Notre conjugaison actuelle contient deux formes venues de ce verbe *allare,* du verbe *vadere* (je vais) et du verbe *ire* (j'irai). — *Chaïr* vient de *cadire,* pour *cadere* (trait picard).

LA VICTOIRE DE ROLAND

152

vers 2035-2055

Texte.

Ainz que Rollant se seit aperceüt,
De pasmeisuns guariz ne revenuz,
Mult grant damage li est apareüt :
Morz sunt Franceis, tuz les i a perdut,
5 Senz l'arcevesque et senz Gualter de l'Hum.
Repairez est des muntaignes jus;
A cels d'Espaigne mult s'i est cumbatuz;
Mort sunt si hume, sis unt paiens vencut;
Voeillet o nun, desuz cez vals s'en fuit,
10 Si reclaimet Rollant, qu'il li aiut :
« E! gentilz quens, vaillanz hom, u ies tu?
Unkes nen oi poür, la u tu fus.
Ço est Gualter, ki cunquist Maelgut,
Li niés Droün, al vieill e al canut!
15 Pur vasselage suleie estre tun drut.
Ma hanste est fraite e percet mun escut
E mis osbercs desmailet e rumput;
Par mi le cors...
Sempres murrai, mais cher me sui vendut. »
20 A icel mot l'at Rollant entendut;
Le cheval brochet, si vient poignant vers lui.

Traduction.

Avant que Roland se fût reconnu, guéri et revenu de
pâmoison, un grand désastre s'offrit à sa vue : les Français
sont morts, il les a tous perdus, à part l'archevêque et à
part Gautier de l'Hum. Gautier est redescendu des montagnes;
contre ceux d'Espagne, il a combattu fortement; ses hommes
sont morts, les païens les ont vaincus; bon gré mal gré, il
a fui par les vallées et il appelle Roland pour qu'il l'aide :
« Eh! gentil comte, vaillant, où es-tu? Jamais je n'eus peur,
quand tu étais là. C'est moi Gautier, qui conquis Maelgut,
moi, neveu de Droon, le vieillard chenu! Pour ma vaillance
tu me chérissais. Ma lance est brisée et mon bouclier percé,
mon haubert démaillé et déchiré. [...] Imminente est ma mort,
mais je me suis vendu cher. » A ce mot, Roland l'a entendu.
Il éperonne son cheval et le pousse vers lui.

Commentaire philologique et grammatical.

Vers 1. — *Ainz* vient de *antius*, sorte de comparatif, refait sur *antea* (comme *postius*, sur *postea*, et qui a donné *puis*). — *Seit* peut, à la rigueur, représenter *sit*. Il vaut mieux partir de *siat*. (Il existe une forme archaïque *siem*, qui aurait donné *siam*, par analogie avec *fiam*.) — *Aperceüt : apercevoir* (venant de *percipere*) signifie « percevoir par les sens ». Ici, c'est le sens étymologique : « avant qu'il ait repris conscience de lui-même ». Phonétiquement, il faut partir de *perceputum*, avec le premier *u* long, analogue à *tremutum* avec *u* long, qui a donné *cremu* (« craint »).

Vers 2. — *Pasmeisuns :* de *spasmationem*. Un verbe *pasmare* est attesté : de même que *spasmare, pasmare*, on a eu *spasmationem, pasmationem*. Quant à *ei*, comparer avec *oreison* de *orationem; veneison* de *venationem*. — *Guariz* (du germanique *warjan*). Les mots *guarir, guarison* ont vécu jusqu'au XVIIe siècle. Ensuite, sous l'influence de l'*r*, l'*a* s'est ouvert, et on a eu *guéri*, comme *sarcophagum* a donné *cercueil*, et comme la racine *spar* a donné *épervier*. Déjà dans l'*Appendix Probi*, on pouvait noter une tendance à ouvrir les *e :* il y était conseillé de prononcer *ansar* et non *anser*.

Vers 3. — *Li apareüt :* « s'est manifesté pour lui ». *Li* est un datif d'intérêt plutôt qu'un complément d'attribution. — *Damage* vient de *damnaticum*. *Dommage* apparaît vers la fin du moyen français : peut-être sous l'influence de *dominium*; peut-être aussi par dissimilation vocalique à distance (ainsi *divinum :* « devin »; *rotundum :* « reond, rond »).

Vers 5. — *Senz* ne vient pas de *sine* avec un *s* adverbial (à cause de la graphie *sents*), mais de *absentia*, avec chute de *a*, comme dans *antea*, qui a donné *ainz*. — *Hum* vient de *ulmus*. *De l'Ulmo* est devenu *de l'Hum*.

Vers 6. — *Repairez :* de *repatriare*, « revenir dans sa patrie », puis « revenir ». — *Jus :* « en bas ». *Deorsum* a donné *jors*; mais nous avons *jus* par croisement avec *sursum*, comme dans *dorsum*, qui a donné *dos*.

Vers 8. — *Si hume :* « ses hommes ». *Mus, tus, sus* ont donné *mes, tes, ses* (ex. *messire*). Au pluriel, *mei, mii, mi*. D'où *si* à la troisième personne.

Vers 9. — *Desuz* (ou encore *desuts, desots*) est formé de *de* et *subtus*, et a fini par donner *dessous*.

Vers 10. — *Reclaimet* vient du verbe *reclamare :* le texte étant rédigé en anglo-normand, une influence de l'anglais *reclaim* est possible. — *Aiut :* voir le vers 13 de la laisse 146. La forme *aide* a été refaite après coup.

Vers 11. — *ies :* le latin *es* avec *e* bref accentué a donné *ies* régulièrement.

Vers 13. — *Ço est gualter*. Cette tournure est à rapprocher des suivantes : *Ce suis-je, c'es-tu, c'est-il*. Ici, il n'y a pas de pronom personnel de la première personne, mais on exprime le nom même de la personne qui parle. Voir laisse 149, vers 13.

Vers 14. — *Nies* vient phonétiquement de *nepos*. — *Droün* est un cas complément de forme germanique, comme *Karlun*. — *Canut* signifie « qui a des cheveux blancs »; *canutus*, dérivé de *canus*, est attesté déjà chez Plaute.

Vers 15. — *Suleie* vient de *solebam*. — *Drut*, « homme de confiance », viendrait d'un mot gaulois, *drutos*, restitué d'après l'irlandais *druit* (« vigoureux »). Il existe aussi un mot germanique *drup*, qui a donné *dru* et *drue* (« amant » et « amante »).

Vers 19. — *Sempres :* « tout de suite », « immédiatement » (et non « toujours »).

Vers 20. — *Entendut* a déjà le sens moderne. *Ouïr*, venu de *audire*, commence à décliner au profit de *entendre*, venu de *intendere* (sous-entendu *animum*).

153   vers 2056-2065

Texte.

Rollant ad doel, si fut maltalentifs;
En la grant presse cumencet a ferir.
De cels d'Espaigne en ad getet mort XX
E Gualter VI e l'arcevesque V.
5 Dient paien : Feluns humes ad ci!
Guardez, seignurs, qu'il n'en algent vif.
Tut par seit fel ki nes vait envaïr
E recreant ki les lerrat guarir! »
Dunc recumencent e le hu e le cri;
10 De tutes parz lé revunt envaïr.

Traduction.

Roland a deuil et il est aussi irrité. Au plus fort de la mêlée, il se met à frapper. De ceux d'Espagne, il en a abattu vingt, et Gautier six, et l'archevêque cinq. Les païens disent : « Les félons[1] que voilà! Veillez, seigneurs, à ce qu'ils ne s'en aillent vivants! Vraiment félon qui ne va les attaquer et lâche celui qui les laissera fuir! » Alors reprennent et les huées et les cris. De toutes parts, ils reviennent à l'assaut.

---

1. *Félon* reste l'injure suprême dans la morale des chevaliers; le poète la met ici dans la bouche des païens pour insulter le courage des derniers preux; mais le mot sera de nouveau employé au vers 7 pour menacer ceux des païens qui ne lutteraient pas assez courageusement.

―――――― **QUESTIONS** ――――――

Sur les laisses 152-153. — La réapparition de Gautier de l'Hum : ce personnage perdu de vue depuis la laisse 65 est-il indispensable à l'action? — Comment ce retour de Gautier rend-il la situation encore plus tragique? — Au lieu de parler, Roland agit : en quoi cela donne-t-il de la grandeur à son attitude? — La reprise de la bataille : ce combat désespéré est-il inutile? Quels traits traditionnels reviennent dans cette description de la lutte?

Commentaire philologique et grammatical.

Vers 1. — *Ad* vient de *habet* (affaiblissement très ancien du *t*). A l'époque romane, le *d* en finale absolue s'est assourdi en *t*. — *Si* vient de *sic*. D'adverbe, le mot est devenu copule et sert souvent à introduire soit le verbe, soit l'hémistiche, comme c'est le cas ici. — *Maltalentifs* a été refait sur *talentum* (« poids, monnaie »), et *maltalent* a pris le sens de « colère ». Sur *maltalent*, on a refait l'adjectif *maltalentif* (suffixe *ivum*).

Vers 2. — *Cumencet* vient de *cum* et *initiat*. Aucune élision de *e*, parce que le *t* persiste.

Vers 5. — *Dient* vient du latin classique *dicunt*. Disent a été refait par analogie avec *dicant*, où *c*, devant une voyelle palatale, devient *s*. — *Humes ad* vient de la tournure du bas latin *habet homines*, où *homines* est un accusatif. Il existe en ancien français quatre tournures différentes correspondant à notre tournure actuelle *il y a* : a — i a (où *i* vient de *ibi* ou de *hic*) — il a — il y a.

Vers 6. — *Algent* : vieux subjonctif du verbe *aller*. Normalement, on devrait avoir notre forme moderne *aillent* (combinaison du radical *al*, venant probablement du latin *ambulare* et de la terminaison du subjonctif *iam*). *Alge* est fait par analogie avec *sorge* (venant de *surgam*), ou *plange*, *plaigne* (venant de *plangam*).

Vers 7. — *Tut par* : tout à fait. — *Fel* (voir *Capitulaires* de Charles le Chauve, où *fello* signifie « bourreau ») : selon l'accent, on a *fel*, *felon*, comme *Hugues*, *hugon* ; *ber*, *baron*. — *Vait* est une forme très ancienne : l'origine en est *vadit*. Le *d* ne s'est pas maintenu jusqu'à l'époque romane. (*Vadit* devrait, en effet, donner *vet*, comme *clavem* a donné *clef*). — *Envaïr* vient de *invadire*, forme vulgaire pour *invadere*. La traduction littérale du vers donne : « Que soit tout à fait félon celui qui ne va pas les attaquer ! »

Vers 8. — *Recreant* : participe présent du verbe *recreoir*. *Credere* avait pris le sens de « se fier à son suzerain ». D'où *recreoir* : « s'en remettre au courage des autres » et *recreantise* : « action d'être lâche ». — *Lerrat* : futur d'un verbe *laier*, venu du bas latin *lacare* et qui a subsisté dans son composé *relayer*. Dans *lerrat*, il y a une réduction de *ai* à *e* en syllabe atone. — *Guarir* : « se sauver » (francique *warnjan*).

Vers 9. — *Hu* : déverbal de *huer*. — *Cri* (de *quiritare*, « appeler à son aide les citoyens »). D'où *quitare*, *quidar*.

Vers 10. — *Lé* pour *les* : l's tombe de bonne heure devant les consonnes sonores. (Ex. : *insulam* a donné *isle*, puis *île*.) De même l's peut n'être pas prononcé devant une consonne sonore, comme c'est le cas ici devant *revunt*.

154   vers 2066-2082

Texte.

    Li quens Rollant fut noble guerrer,
    Gualter de Hums est bien bon chevaler,
    Li arcevesque prozdom e essaiet :
    Li uns ne volt l'altre nient laisser.
5 En la grant presse i fierent as paiens.
    Mil Sarrasins i descendent a piet
    E a cheval sunt XL millers.
    Men escientre nes osent aproismer.
    Il lor lancent e lances e espiez
10 E wigres e darz e museras e agiez e gieser.
    As premers colps i unt ocis Gualter,
    Turpins de Reins tut sun escut percet,
    Quasset sun elme, si l'unt nasfret el chef,
    E sun osberc rumput e desmailet
15 Par mi le cors nasfret de IIII espiez;
    Dedesuz lui ocient sun destrer.
    Or est grant doel, quant l'arcevesque chiet.

Traduction.

    Le comte Roland est un noble guerrier, Gautier de l'Hum très bon chevalier, l'archevêque un preux éprouvé. Aucun des trois ne veut faillir aux autres. Au plus fort de la presse, ils frappent sur les païens. Mille Sarrasins mettent pied à terre, à cheval il y en a quarante mille. Ma foi, ils n'osent approcher. Ils jettent contre eux lances et épieux, guivres[1] et dards, piques et javelots. Aux premiers coups, ils ont tué Gautier, à Turpin de Reims ils ont complètement percé son bouclier, fracassé son heaume[2], ils l'ont blessé à la tête, ils ont rompu et démaillé son haubert, à travers du corps ils l'ont blessé de quatre épieux; sous lui, ils tuent son destrier. C'est grand deuil quand l'archevêque tombe.

---

    1. *Guivre* : sorte de flèche; au sens propre, le mot désigne un serpent; 2. Sur ce mot, comme plus loin sur *haubert* et *destrier*, voir le Lexique, pages 23-24.

──────── **QUESTIONS** ────────

SUR LA LAISSE 154. — Pourquoi ne fallait-il pas que les trois derniers survivants succombent en des combats singuliers? — Dans quel ordre le poète les fait-il successivement succomber?

Commentaire philologique et grammatical.

Vers 1. — *Fut* a ici une valeur d'imparfait descriptif. Cet emploi du passé simple alterne avec celui du passé historique.

Vers 3. — *Prozdom* se décompose en *proz d'home*. *Proz* vient d'un adjectif latin vulgaire *prodis*, se rattachant au thème *prode*, que l'on trouve dans *prodesse* ; ce *prodis* a donné *preux* (« qui fait de bonne besogne »). Il faut donc comprendre « un preux en fait d'homme ». Bientôt, l'expression n'a plus formé qu'un seul mot et a été sentie comme un mot unique. Dans *la Chanson de Roland*, on décline *prozduem, prozdom*. — *Essaiet* : de *exagiare*, « peser » ; verbe formé sur *exagium* : « pesée ».

Vers 4. — *L'altre* est un pluriel qui désigne forcément deux des trois guerriers. De même, en latin, il arrive que *alter* soit employé au pluriel pour opposer un groupe à un autre. — *Nient* : peut-être de *nec inde* ou de *nec entem*. Plus vraisemblablement de *ne gentem*.

Vers 5. — *I :* « dans cette circonstance ». (Voir le même emploi au vers suivant.) — *As paiens* (au lieu de *als paiens*) : vérification de la loi phonétique qui aboutit à la suppression d'une des trois consonnes qui se suivent (*l, s, p*).

Vers 7. — La forme *millers* pour *milliers* est anglo-normande (réduction de *ie* en *e*) ; voir, vers 16, *destier* pour *destrier*.

Vers 8. — *Men escientre* : « à mon escient ». De *me sciente*, contaminé avec *scienter*. — *Nes* vient de *non illos* (forme réduite). — *Aproismer :* de *ad* et *proximare*.

Vers 9. — *Espiez :* du germanique *spiez*. On trouve aussi les formes *espiens* et *espiez*.

Vers 10. — *Wigres :* mot germanique (anglo-saxon *wiver*). — *Museras* (mot arabe) : « crampons ». — *Agiez*, pluriel de *agiet :* mot rare, qui semble désigner aussi des armes de trait. — *Gieser* est un terme obscur, qui désigne aussi une arme.

Vers 11. — *I* (valeur temporelle) : « dans cet assaut ».

Vers 12. — *Turpins :* complément indirect, bien qu'il y ait l's du cas sujet.

Vers 13. — *Quasset* de *quassat*, verbe qui existait déjà en latin classique : « agiter, secouer ».

Vers 14. — *Osberc :* forme provençale ; *haubert* est la forme francienne.

155   vers 2083-2098

Texte.

Turpins de Reins, quant se sent abatut,
De IIII espiez par mi le cors ferut,
Isnelement li ber resailit sus,
Rollant reguardet, puis si li est curut,
5 E dist un mot : « Ne sui mie vencut !
Ja bon vassal nen ert vif recreüt. »
Il trait Almace, s'espee d'acer brun,
En la grant presse mil colps i fiert e plus.
Puis le dist Carles qu'il n'en esparignat nul :
10 Tels IIII cenz i troevet entur lui,
Alquanz nafrez, alquanz par mi ferut,
S'i out d'icels ki les chefs unt perdut.
Co dit la Geste e cil ki el camp fut :
Li ber Gilie, por qui Deus fait vertuz,
15 E fist la chartre el muster de Loüm.
Ki tant ne set ne l'ad prod entendut.

Traduction.

Turpin de Reims, quand il se sent désarçonné et le corps
traversé de quatre épieux, rapidement, le vaillant, il se dresse.
Il a cherché Roland, a couru à lui, et n'a eu qu'une parole :
« Je ne suis pas vaincu ! Jamais bon vassal ne s'est rendu
vivant. » Il dégaine Almace, son épée d'acier brun; au plus
fort de la mêlée, il frappe mille coups et plus. Plus tard,
Charles dit qu'il ne ménagea personne : on a trouvé autour
de lui dans les quatre cents Sarrasins, les uns blessés, d'autres
percés de part en part, et il y en avait parmi eux qui n'avaient
plus leurs têtes. Ainsi le rapporte la Geste; ainsi le rapporte
celui-là qui fut présent à la bataille : le baron Gilles, pour
qui Dieu fait des miracles, en écrivit la charte au moutier
de Laon[1]. Qui l'ignore est bien mal entendu.

---

1. Ces vers ont servi à étayer une thèse selon laquelle l'auteur était ce Gilles
échappé au massacre. Mais ce passage n'attribue à saint Gilles que la rédaction
du désastre de Roncevaux. La *charte* fut peut-être celle que l'ange déposa sur
l'autel devant saint Gilles, et où il lui révélait le péché dont Charlemagne ne
voulait pas se confesser (*Vie de saint Gilles*, par Berneville, vers 3020-3181), et
non pas un document relatant le désastre de Roncevaux. Ajoutons que ce
Gilles vécut sous Charles Martel, mais les poètes l'ont souvent mêlé à la légende
de Charlemagne.

━━━━━━ **QUESTIONS** ━━━━━━

SUR LA LAISSE 155. — Quelle est la dernière image que le poète veut
laisser de l'archevêque Turpin? — Comment s'explique le souci manifesté par le poète de garantir l'authenticité des faits qu'il relate?

Commentaire philologique et grammatical.

Vers 3. — *Isnelement* signifie « rapidement ». Cet adverbe a été formé sur l'adjectif *isnel*, qui signifie « rapide » et qui est d'origine germanique (allemand *schnell*); cf. la locution *isnel le pas*, « d'un pas rapide ». Cet adjectif, qui apparaît au XIᵉ siècle, disparaît au XVIᵉ. Le *i* initial est le même qu'on trouve dans les mots *itant, itout, itel, ici*. — *Li ber* est attribut : « en baron qu'il était ». — *Resailit sus* : « il se remit debout ».

Vers 6. — *Vif* vient de *vivum*. — *Recreüt* : participe passé du verbe *recreoir*; voir le vers 7 de la laisse 153.

Vers 7. — *S'* dans *s'espee* vient non de l'adjectif possessif *suus, sua, suum*, mais des formes de latin vulgaire *sus, sa, sum*. — Sur *acer*, voir le vers 2 de la laisse 146.

Vers 9. — *Puis* : « plus tard ». — *Esparignat* : *gn* est une graphie de l'*n* mouillé. *Sparnjare*, attesté dans un texte de Losch, a donné le francique *sparnjan*. Les verbes germaniques en *ian* donnent en français des verbes en *ir* (ex. : *warnjan*, guérir). Mais *sparanjan* est un proparoxyton, et il donne un infinitif en *er* (autre exemple : *waidanjan*, gagner).

Vers 10. — *Tels* vient de *tales*, « environ ». — *Troevet* est la troisième personne du singulier de l'indicatif présent du verbe *trover*, venu du latin vulgaire *tropare*, formé à partir du grec *tropos*.

Vers 11. — *Alquanz* vient de *aliquantos*, « quelques-uns ». Cet adjectif-pronom indéfini se rencontre dans les textes du XIᵉ au XIIIᵉ siècle. — *Nafrez* : voir le vers 1 de la laisse 147.

Vers 12. — *S'i out* : « et il y eut ». En ancien français, quatre tournures correspondent à notre tournure moderne *il y a* : d'abord le verbe seul *a* (tournure qui se trouve ici au passé simple *out*); ensuite celle où le verbe est précédé de l'adverbe *i a*; en troisième lieu, la tournure *il a*; enfin la tournure *il i a*, qui a survécu jusqu'à nous.

Vers 13. — *Camp* : « bataille ».

Vers 15. — *Chartre* vient du latin *chartula*, diminutif de *charta*, « papier », « lettre ». A ne pas confondre avec son homonyme *chartre*, tiré de *carcerem*, au sens de « prison », qui est resté usité jusqu'au XVIᵉ siècle.

Texte.

Li quens Rollant gentement se cumbat,
Mais le cors ad tressuet e mult chalt.
En la teste ad e dulor e grant mal :
Rumput est li temples, por ço que il cornat.
5 Mais saveir volt se Charles i vendrat :
Trait l'olifan, fieblement le sunat.
Li emperere s'estut, si l'escultat :
« Seignurs, » dist il, « mult malement nos vait!
Rollant mis niés hoi cest jur nus defalt.
10 Jo oi al corner que guares ne vivrat.
Ki estre i voelt isnelement chevalzt!
Sunez voz grasles tant que en cest ost ad! »
Seisante milie en i cornent si halt
Sunent li munt e respondent li val :
15 Paien l'entendent, nel tindrent mie en gab;
Dit l'un a l'altre : « Karlun avrum nus ja! »

Traduction.

Le comte Roland noblement se bat. Mais il a le corps baigné
de sueur et brûlant. En la tête il souffre et a grand mal. Il
s'est rompu la tempe en sonnant du cor. Mais il veut savoir
si Charles viendra : il tire l'olifant, et faiblement en sonna.
L'empereur s'arrêta et écouta : « Seigneurs, dit-il, malheur
à nous! Roland, mon neveu, en ce jour d'aujourd'hui nous
quitte. Au son je comprends qu'il n'a plus guère à vivre.
Qui veut être là-bas, qu'il presse son cheval! Sonnez vos
clairons tant qu'il y en a en cette armée! » Soixante mille
clairons sonnent, si haut que les monts résonnent et que
répondent les vallées. Les païens l'entendent, et ils n'ont
pas pris la chose en plaisanterie. L'un dit à l'autre : « Charles
bientôt sera sur nous! »

————— **QUESTIONS** —————

Sur la laisse 156. — Importance dramatique de ce moment : comment
la situation a-t-elle évolué depuis les laisses 138-139? — La solitude
de Roland : quelle inquiétude s'empare de lui? — L'effet poétique qui
oppose le son du cor aux sonneries des clairons; comment le cadre
ajoute-t-il à l'impression de grandeur que cherche à créer le poète?

Commentaire philologique et grammatical.

Vers 1. — *Gentement :* « noblement ». — *Se cumbat :* « se bat », mais le réfléchi est ici subjectif.

Vers 2. — *Tressuet* de *transsudatum.* — *Chalt* vient de *calidum.* Il y a eu chute ancienne de l'*i.* D'où *caldum* et *chalt* (autre exemple : *virdem* pour *viridem,* d'où *vert*).

Vers 4. — *Temples. Tempus* (gén. *temporis*), au singulier, a donné *tempe ; tempora,* au pluriel, a donné *temple* (influence de *templum :* « toit d'édifice »).

Vers 5. — *Volt* vient soit d'un *volet* vulgaire, soit de *voluit.* A l'indicatif présent, on a soit *volt* (atone), soit *vuelt, veut* (tonique).

Vers 6. — *Olifan* (de *elephantum*) : le cor est souvent, à l'origine, en ivoire ciselé.

Vers 7. — *S'estut :* « s'arrêta ».

Vers 9. — *Hoi* (de *ho die*) : « aujourd'hui ». — *Mis :* cas sujet singulier; se déduit du pluriel *mi* (venant de *mei*) sur lequel on a refait un nominatif singulier *mis* (la forme régulière est *mes,* venant de *meus,* comme dans *messire*). — *Nies* vient de *nepos.*

Vers 10. — *Jo oi :* graphie pour *j'oi.* Ainsi, aujourd'hui, l'*e* muet n'est pas prononcé devant une voyelle, mais écrit. Ici, la métrique fait foi. — *Al corner* (infinitif substantivé) : « à la manière dont il sonne du cor ». — *Guaires :* du francique *waigaro,* plus l'*s* adverbial.

Vers 11. — *Chevalzt* de *caballicet.*

Vers 12. — *Grasle :* ordinairement *graisle* (de *gracilem*). La réduction de *ai* à *a* est commune en anglo-normand (ex. : *basse* pour *baisse ; je movra* pour *je movrai*). Le mot a pris le sens de trompette à cause du son grêle de l'instrument.

Vers 13. — *En,* « par suite de cet ordre », marque le point de départ.

Vers 15. — *Gab :* moquerie, plaisanterie; à rapprocher de l'ancien scandinave *gabl* (« raillerie ») et de l'anglais *gab* (« bagout »): il existe aussi un verbe *gaber.*

Vers 16. — *Avrum :* cette terminaison *um* (de *umus*) est anglo-normande. Voir à ce sujet la remarque sur le vers 5 de la laisse 151, page 115.

157   vers 2115-2123

Texte.

   Dient paien : « L'emperere repairet :
   De cels de France oez suner les graisles!
   Se Carles vient, de nus i avrat perte.
   Se Rollant vit, nostre guerre novelet,
 5 Perdud avuns Espaigne, nostre tere. »
   Tels IIII cenz s'en asemblent a helmes,
   E des meillors ki el camp quient estre :
   A Rollant rendent un estur fort e pesme.
   Or ad li quens endreit sei asez que faire.

158   vers 2124-2133

   Li quens Rollant, quant il les veit venir,
   Tant se fait fort e fiers e maneviz!
   Ne lur lerat tant cum il serat vif.
   Siet el cheval qu'om cleimet Veillantif,
 5 Brochet le bien des esperuns d'or fin,
   En la grant presse les vait tuz envaïr,
   Ensembl' od lui arcevesques Turpin.
   Dist l'un a l'altre : « Ça vus traiez, ami!
   De cels de France les corns avuns oït :
10 Carles repairet, li reis poesteïfs. »

Traduction.

   Les païens disent : « L'empereur revient : de ceux de
France entendez sonner les clairons! Si Charles vient, parmi
nous il y aura du dégât. Si Roland vit, notre guerre recommence, nous avons perdu l'Espagne, notre terre. » Environ
quatre cents se rassemblent, portant le heaume, et de ceux
qui s'estiment les meilleurs en bataille. A Roland, ils livrent
un assaut dur et âpre. Or, le comte a de quoi besogner pour
sa part.

   Le comte Roland, quand il les voit venir, se fait magnifi-
quement fort, farouche, ardent! Il ne cédera pas tant qu'il
sera en vie. Il est sur son cheval qu'on nomme Veillantif,
il l'éperonne bien de ses éperons d'or fin, au plus fort de la
presse il les va tous attaquer. Avec lui, l'archevêque Turpin.
Les païens l'un à l'autre se disent : « Retirez-vous, amis!
Nous avons entendu les clairons de ceux de France : Charles
revient, le roi puissant. »

Commentaire philologique et grammatical.

Laisse 157.

Vers 1. — *Repairet* vient de *repatriat* (« revenir dans sa patrie », puis « revenir sur ses pas »).

Vers 2. — *Oez* : indicatif en fonction d'impératif. *Oez* est d'ailleurs une forme anglo-normande. Le subjonctif est *oiez*, de *audiatis*. (Voir le premier vers de *Tristan et Iseut* : « Oez de Tristan ».) — *Graisles* : voir le vers 12 de la laisse 156.

Vers 6. — *Tels* : « environ ». — *En* : « à la suite de ces paroles ». — *A helmes* (sous-entendu « soldats ») : « portant le heaume ».

Vers 7. — *Quient.* Il a existé un infinitif *quier* à côté de *cuidier*, tous deux étant issus de *cogitare*. Il faut, pour expliquer ce phénomène, partir du subjonctif : *cogitet* a donné *cuit*. Sur *cuit*, on a formé *cuier*, sur le modèle *enuit*, *enoier* (*enuit* venant de *inodiet*).

Vers 8. — *Estur* (germanique *Sturm*) : « assaut ». — *Pesme* vient de *pessimum*.

Vers 9. — *Endreit sei* : « pour lui-même » (à l'endroit de lui-même).

Laisse 158.

Vers 2. — *Maneviz* : ardent. Participe pris comme adjectif : il a existé un verbe *manevir*, ou *amanevir*, signifiant « préparer » et venant du gothique *manvian* (radical de *manus*). D'où le sens : « qui est tout prêt, préparé à combattre ».

Vers 4. — *Siet* : « il est assis ».

Vers 5. — *Brochet (de broccat)* : « il éperonne ». — *Fin* assone avec *Veillantif* et *envaïr* : il n'y a donc pas de nasalisation; le son *i* devait être sensible à l'oreille dans la prononciation de *fin*.

Vers 8. — *Ça vus traiez* : « Venez de ce côté! » — *Ami* est un pluriel.

Vers 10. — *Li reis* est une apposition à Carles. — *Poesteïfs*. Cet adjectif est construit sur *potestas* avec le suffixe *ativus* : d'où *potestativus*.

Texte.

Li quens Rollant unkes n'amat cuard,
Ne orguillos, ne malvais hume de male part,
Ne chevaler, s'il ne fust bon vassal.
Li arcevesques Turpin en apelat :
5 « Sire, a pied estes e jo sui a ceval :
Pur vostre amur ici prendrai estal;
Ensemble avruns e le ben e le mal,
Ne vos lerrai pur nul hume de car.
Encui rendruns a paiens cest asalt.
10 Les colps des mielz, cels sunt de Durendal. »
Dist l'arcevesque : « Fel seit ki ben n'i ferrat!
Carles repairet, ki ben nus vengerat. »

Traduction.

Le comte Roland jamais n'aima un couard, ni un orgueilleux, ni un méchant, ni un chevalier, qui ne fût bon vassal.
Il appela l'archevêque Turpin : « Sire, vous êtes à pied et
je suis à cheval : pour l'amour de vous, ici, je prendrai position; ensemble nous recevrons et le bien et le mal; je ne vous
laisserai pour nul homme fait de chair[1]. Dès aujourd'hui,
nous allons rendre aux païens cet assaut. Les coups les meilleurs sont ceux de Durendal. » L'archevêque dit : « Honni
qui bien ne frappe! Charles revient, qui bien nous vengera! »

---

1. Cette expression *(hume de car)* n'est pas une réminiscence classique, mais
une formule de tradition chrétienne. On la retrouve sous une forme un peu différente *(hume carnel)* à la laisse suivante.

--------- **QUESTIONS** ---------

Sur les laisses 157 à 159. — Comment Roland a-t-il indirectement
attiré sur lui cette dernière vague de l'assaut païen? — Comparez la
laisse 157 à la laisse 42 : comment est rappelé l'enjeu qui est en cause
dans toute cette bataille? — La présence de Turpin, seul survivant
avec Roland, ne prend-elle pas une signification symbolique? — La
dernière réplique de Turpin (laisse 159) : pourquoi est-ce l'archevêque,
et non Roland, qui exprime la certitude que leur mort sera vengée?
A quoi songe surtout Roland?

Commentaire philologique et grammatical.

Vers 1. — *Quens*, écrit souvent aussi *cuens*, est le cas sujet du mot *comte*, lequel, en ancien français, se déclinait ainsi : *cuens*, tiré de *comes* (cas sujet), et *comte*, de *comitem* (cas régime). Le mot signifie proprement « compagnon », puis « attaché à la suite de l'empereur », « haut dignitaire » (ve siècle, *Code théodosien*), « chef militaire commandant une province » à partir du vi^e siècle. — *Unkes*, forme picarde pour *onques*, signifie « jamais », « un jour ». Il vient du latin *unquam*, auquel s'est ajouté l's adverbial. — *Cuard :* de *cauda* et du suffixe péjoratif *ard :* « qui passe la queue entre les jambes ».

Vers 2. — *Orguillos :* du gothique *urgoli*, que l'on déduit de *urgoil*. — *Malvais* vient du latin vulgaire *malifatius*, « qui a un mauvais sort » *(fatum)*. — *De male part :* « de mauvaise disposition ». A rapprocher des expressions encore vivantes aujourd'hui : *prendre en bonne part, prendre en mauvaise part*.

Vers 4. — *En :* « à la suite de cela ».

Vers 5. — *Jo* reste à cette époque la forme normale du pronom sujet de la première personne; par emploi proclitique, cette forme s'est affaiblie en *je*. — *Sui* existait déjà en latin vulgaire et avait remplacé *sum*, probablement par analogie avec *fui*. C'est beaucoup plus tard (xviie siècle) que *sui* a reçu un *s* analogique, comme toutes les premières personnes du singulier des indicatifs présents, qui n'étaient pas terminées par un *e*.

Vers 6. — *Prendrai estal :* « je prendrai position ». *Estal* est un mot d'origine germanique : en francique, *stall* signifie « position », « demeure »; il y a une influence probable du latin *stare*.

Vers 7. — *Ben :* forme anglo-normande de *bien* (réduction de *ie* en *e*).

Vers 8. — *Lerrai :* voir le vers 8 de la laisse 153. — *De car :* « de chair » *(carnem)*.

Vers 9. — *Encui :* « encore aujourd'hui »; *ui* vient de *hodie*. — *Asalt :* nom déverbal, tiré du verbe *assalter, assauter;* ce verbe est sorti de l'usage au xve siècle.

DOCUMENTATION THÉMATIQUE

réunie par la Rédaction des Nouveaux Classiques Larousse.

1. Histoire et légende : l'événement.

2. Histoire et légende : les personnages.

3. Peinture des sentiments : l'amitié.

4. Expression de la douleur.

1. HISTOIRE ET LÉGENDE : L'ÉVÉNEMENT

En 1837, Francisque Michel édite le manuscrit d'Oxford qui comprend les 4 002 décasyllabes, divisés en 291 laisses assonancées, de ce qu'on appellera désormais *la Chanson de Roland*. Le manuscrit est daté environ de 1170, mais on suppose qu'il a existé une version primitive contemporaine de la première croisade (selon Joseph Bédier, entre 1095 et 1100) et dont notre *Chanson* ne serait qu'un des nombreux remaniements, comme le *Hruolandes Lied*, le *De proditione Guerronis*, la chronique du pseudo-Turpin, et le *Roman de Roncevaux* édité en 1832 par Henri Monin.

Depuis un siècle, de nombreux érudits s'affrontent sur le problème de la genèse de ce poème. A savoir, que s'est-il passé entre l'année 778, date de la bataille dite « de Roncevaux », et l'apparition du poème ? Nous passons en revue rapidement les différentes théories. Les savants germaniques pensent que le poème était, dès sa création, une épopée, qui a été ensuite remaniée de nombreuses fois (donc des additifs plus récents qui donnent notamment à l'action son caractère de croisade). Francisque Michel, Gaston Paris, tenants de la théorie des Cantilènes, affirment que le poème est un amalgame de vieilles chansons populaires transmises de génération en génération et recomposé vers le XIᵉ siècle; ainsi Francisque Michel écrit dans sa préface :

> L'impression produite par la déroute de Roncevaux dut être profonde et rester gravée dans le souvenir des populations qui l'avaient reçue de quelqu'un des leurs, de retour de l'expédition d'Espagne. Cette impression devint ineffaçable lorsque, par une fatale coïncidence, un demi-siècle plus tard, dans ces mêmes défilés, l'armée d'un des fils de Charlemagne, Louis le Débonnaire, fut à son tour taillée en pièces. L'imagination populaire réunit tous ces faits et les groupa autour du même personnage, de celui qui était le plus en vue et qui revenait le plus fréquemment dans les récits de la veillée.

Pour Joseph Bédier, « au commencement était la route », avec ses sanctuaires, ses reliques, ses pèlerins qui écoutaient, lors des haltes dans les monastères des Pyrénées, les récits plus ou moins légendaires racontés par les moines; pour lui,

> la légende s'est formée d'abord à l'état de légende locale à Roncevaux même et dans les églises des routes qui passaient par Roncevaux; et que si elle a pu végéter obscurément dans ces églises dès une époque très ancienne, elle n'a pris corps en poèmes qu'au XIᵉ siècle.

La *Chanson* serait donc née de la rencontre de la légende et d'un poète (dont l'identité reste encore inconnue) à cette époque des croisades où, selon Karl-Friedrich Schlegel, « l'histoire des hauts faits de Charles, de la bataille de Roncevaux et de la mort de

Roland fut présentée sous la forme d'une croisade, afin d'exposer aux yeux des chevaliers, et des croisés du temps, un modèle; l'exemple fait pour leur inspirer de l'enthousiasme ». A. Pauphilet, disciple de Bédier, insiste encore plus sur la valeur poétique : il supprime tout élément historique ou légendaire, et ne fait jouer que la sensibilité d'un poète du XIᵉ siècle, créateur et inventeur de tous ces événements et de tous ces personnages (d'où les nombreuses invraisemblances historiques). Mais les tendances actuelles, dites « des historiens », redonnent plus d'importance à la bataille, fait réel, consignée dans les Annales royales, à l'année 778.

Cette bataille, Eginhard, historiographe de Charlemagne, la raconte vers 821 dans la *Vita Karoli*, ouvrage écrit en latin dont nous donnons ci-après une traduction : on relèvera dans ce récit la trame générale, que l'on rapprochera de celle de la chanson.

> Tandis que l'on se battait assidûment et presque sans interruption contre les Saxons, Charles, ayant placé aux endroits convenables des garnisons le long des frontières, attaqua l'Espagne avec toutes les forces dont il disposait. Il franchit les Pyrénées, reçut la soumission de toutes les places et de tous les châteaux qu'il rencontra sur sa route et rentra sans que son armée eût subi aucune perte, à ceci près que, dans la traversée même des Pyrénées, il eut, au retour, l'occasion d'éprouver, quelque peu, la perfidie basque : comme son armée cheminait étirée en longues files, ainsi que l'exigeait l'étroitesse du passage, des Basques, placés en embuscade — car les bois épais qui abondent en cet endroit sont favorables aux embuscades —, dévalèrent du haut des montagnes et jetèrent dans le ravin les convois de l'arrière ainsi que les troupes qui couvraient la marche du gros de l'armée; puis, engageant la lutte, ils les massacrèrent jusqu'au dernier homme, firent main basse sur les bagages et finalement se dispersèrent avec une extrême rapidité à la faveur de la nuit qui tombait.
>
> Les Basques avaient pour eux, en cette circonstance, la légèreté de leur armement et la configuration du terrain, tandis que les Français étaient desservis par la lourdeur de leurs armes et leur position en contrebas. Dans ce combat furent tués le sénéchal Eggihard, le comte du palais Anselme et Roland, duc de la Marche de Bretagne, ainsi que plusieurs autres. Et ce revers ne put être vengé sur-le-champ parce que les ennemis, le coup fait, se dispersèrent si bien que nul ne put savoir en quel coin du monde il eût fallu les chercher.

Les faits sont atténués par Eginhard, car, comme le dit Francisque Michel :

> il faisait partie de la cour de Charlemagne, et a glissé légèrement sur un fait qui lui semble une tache à la réputation militaire du grand empereur.

Mais des paladins ont été tués, ce qui a énormément frappé l'imagination populaire ; en 840, on parle encore du massacre ; un texte espagnol donne pour la première fois le nom de Roncevaux à la bataille et transforme les Basques en Sarrasins. Et il est fait mention de la bataille dans de très nombreuses chansons de geste : dans *la Complainte d'outre-mer* il est dit : « Assez de gent sont mult dolant | De ce que l'on trahi Rollant. » Dans *les Enfances Viviens* : « Oï avez d'Olivier le baron, et de Rollant, et du noble Charles, des douze pairs qu'a trahis Ganelon. En Roncevaux, au roi Marsile les vendit Ganelon... » Et plus loin : « Remémorez-vous ore la perte de Charles, de Roncevaux où fut la grande bataille. Mort fut Rollant et Turpin et les autres, et Olivier, le chevalier admirable ; plus de vingt mille y sont morts par le glaive. » Dans *le Roman de Rou*, écrit en 1170, Wace décrit la bataille d'Hastings, qui débute ainsi :

> Taillefer, qui chantait fort bien,
> Sur son cheval qui marchait vite,
> Allait devant le duc, en chantant
> De Charlemagne, et de Roland
> Et d'Olivier et des vassaux
> Qui moururent à Roncevaux.

Ce qui corrobore ce qu'écrivait en 1125 Guillaume de Malmesbury dans le *De gestis Anglorum* : au commencement de la bataille d'Hastings, on entonne la *Chanson de Roland* pour que l'exemple d'un vaillant guerrier enflamme ceux qui vont combattre ; Boethius, dans son *Histoire d'Ecosse,* rapporte une anecdote, répétée dans de nombreux autres ouvrages. Le roi Jean, mécontent de ses troupes et entendant quelques soldats qui chantaient la *Chanson de Roland*, se serait écrié qu'il ne voyait plus de Rolands parmi les Français ; un vieux capitaine, prenant cette plainte pour un reproche fait à la nation, répondit que le roi ne manquerait pas de Rolands, si ses soldats avaient un Charlemagne à leur tête. A ces ouvrages, ces faits plus ou moins enjolivés par la tradition, il faudrait ajouter les fameuses marionnettes siciliennes, qu'il serait intéressant de voir, par exemple, dans *La Battaglia di Roncisvalle*, qui illustre bien, en les poussant presque jusqu'à la caricature, les thèmes populaires, l'aspect à la fois païen et profondément chrétien de la légende.

Nous présentons enfin deux textes du XIXᵉ siècle, écrits au moment du soudain engouement pour tout ce qui touchait le Moyen Age, tout ce que l'on avait renié parce que barbare pendant plusieurs siècles. Le premier est de Michelet, et veut être historique ; le second, *le Cor* de Vigny, est essentiellement poétique.

{ On relèvera les points sur lesquels ils insistent plus particulièrement ; y a-t-il les mêmes centres d'intérêt dans *la Chanson de Roland*? Que peut-on en déduire sur le genre de l'œuvre et, par là, sur les goûts du « public » du XIᵉ siècle ?

Voici le texte de Michelet :

> C'était précisément l'année 778, où les armes de Charlemagne recevaient un échec si mémorable à Roncevaux. L'affaiblissement des Sarrasins, l'amitié des petits rois chrétiens, les prières des émirs révoltés du nord de l'Espagne avaient favorisé les progrès des Francs; ils avaient poussé jusqu'à l'Ebre et appelaient leurs campements en Espagne une nouvelle province, sous les noms de Marche de Gascogne et de Marche de Gothie. Du côté oriental, tout allait bien : les Francs étaient soutenus par les Goths; mais à l'Occident, les Basques, vieux soldats d'Hunald et de Guaifer, les rois de Navarre et des Asturies, qui voyaient Charlemagne prendre possession du pays et mettre tous les forts entre les mains des Francs, s'étaient armés sous Lope, fils de Guaifer. Au retour, les Francs, attaqués par des montagnards, dans ces ports difficiles, dans ces gigantesques escaliers que l'on monte à la file, homme à homme, soit à pied, soit à dos de mulet ; les roches vous dominent, et semblent prêtes à écraser d'elles-mêmes ceux qui violent cette limite solennelle des deux mondes. La défaite de Roncevaux ne fut, assure-t-on, qu'une affaire d'arrière-garde. Cependant, Eginhard avoue que les Francs y perdirent beaucoup de monde, entre autres plusieurs de leurs chefs les plus distingués, et le fameux Roland; peut-être les Sarrasins aidèrent-ils; peut-être la défaite commencée par eux sur l'Ebre fut-elle achevée par les Basques aux montagnes.

Michelet a lu Eginhard; Vigny s'inspire plutôt de la chronique du pseudo-Turpin, *la Chanson de Roland* n'ayant pas encore été « redécouverte ». Vigny entend jouer du cor dans le lointain, et son esprit s'envole vers Roncevaux :

> Ames des Chevaliers, revenez-vous encor ?
> Est-ce vous qui parlez avec la voix du cor ?
> Roncevaux ! Roncevaux ! dans ta sombre vallée
> L'ombre du grand Roland n'est donc pas consolée !
>
> Tous les preux étaient morts, mais aucun n'avait fui.
> Il reste seul debout, Olivier près de lui;
> L'Afrique sur les monts l'entoure et tremble encore.
> « Roland, tu vas mourir, rends-toi, criait le More;
> Tous tes pairs sont couchés dans les eaux des torrents. »
> Il rugit comme un tigre, et dit : « Si je me rends,
> Africain, ce sera lorsque les Pyrénées
> Sur l'onde avec leurs corps rouleront entraînées. »
> « Rends-toi donc, répond-il, ou meurs, car les voilà. »
> Et du plus haut des monts un grand rocher roula.
> Il bondit, il roula jusqu'au fond de l'abîme,
> Et de ses pins, dans l'onde, il vint briser la cime.

2. HISTOIRE ET LÉGENDE : LES PERSONNAGES

Charlemagne, Turpin, Roland, Olivier, ce sont des noms que l'on connaît sans avoir lu *la Chanson de Roland;* et pourtant si l'on est sûr de l'existence historique du premier, ou du second, « Rotlandus » préfet des Marches de Bretagne n'a pas grande place dans les chroniques et Olivier est une pure création poétique. Voici le portrait de l'Empereur, qui n'aura sa barbe fleurie qu'au XIe siècle, d'après Eginhard son historiographe :

> D'une large et robuste carrure, il était d'une taille élevée, sans rien d'excessif d'ailleurs, car il mesurait sept pieds de haut. Il avait le sommet de la tête arrondi, de grands yeux vifs, le nez un peu plus long que la moyenne, de beaux cheveux blancs, la physionomie gaie et ouverte. Aussi donnait-il extérieurement, assis comme debout, une forte impression d'autorité et de dignité. On ne remarquait même pas que son cou était gras et trop court, et son ventre trop saillant, tant étaient harmonieuses les proportions de son corps. Il avait la démarche assurée, une allure virile, la voix était claire, sans convenir tout à fait à son physique. [...] Il parlait avec abondance et facilité et savait exprimer tout ce qu'il voulait avec une grande clarté. [...] Au surplus, il avait une aisance de parole qui confinait presque à la prolixité.

Mais, dit Joseph Bédier : « Dès le lendemain de sa mort, le merveilleux chrétien l'enveloppe, et la postérité pourra bien dessiner à nouveau sa figure, mais non l'idéaliser davantage. » Car, dès son vivant, même chez les Turcs, on l'appelait « père de l'Univers » ; et M. Gaillard écrit dans son *Histoire de Charlemagne :* « Les présages [qui ont précédé la mort de Charlemagne] étaient un hommage que la douleur publique rendait à un bon roi que l'on craignait de perdre ; cette superstition venait moins de l'esprit que du cœur, qui s'alarmait et s'affligeait d'avance. » Le grand guerrier est décrit par Angilbert « avec une couronne d'or sur son noble chef, ou partant à la guerre, le front couvert d'un casque d'or, et le corps revêtu d'une armure éclatante, montant un grand cheval et dépassant ses compagnons de toute une tête, tandis que la terre, stupéfaite de voir tant d'épées, de boucliers, de cuirasses et de casques, tremble sous le poids de tout ce fer, et que les clameurs des guerriers montent jusqu'au ciel ». A côté de ce Charlemagne, pourfendeur d'ennemis, toujours en guerre contre ses voisins, il y a le saint (cela surtout en Allemagne). Ses reliques se multiplient, et on raconte : « Le pieux Charles ne craignait pas de mourir pour la patrie, de mourir pour l'Eglise ; aussi parcourut-il la terre entière ; ceux qu'il voyait rebelles à Dieu, il les combattait, et ceux qu'il ne put soumettre au Christ par la parole, il les soumit par le fer. »

} Retrouve-t-on tous ces caractères dans le Charles de la
} *Chanson?* Tracez son portrait.

Quels sont les critères du pouvoir royal? Par exemple, a-t-il les
mêmes idées que ce roi imaginaire des romans bretons, Artur,
avec lequel il présente beaucoup de ressemblances? Dans *Erec
et Enide,* de Chrétien de Troyes, donc environ au XIIIᵉ siècle,
Artur avant de prendre une décision, s'adresse à ses chevaliers :

> Et vous, seigneurs, qu'en voulez-vous dire? Avez-vous
> quelque chose à objecter? Si quelqu'un veut s'y opposer, qu'il
> exprime dès maintenant sa pensée. Je suis roi, je ne dois donc
> pas mentir, ni consentir à vilenie, ni à fausseté, ni à déme-
> sure; je dois observer raison et droiture, comme il appar-
> tient à un roi loyal, qui doit maintenir la loi, la vérité, la
> bonne foi et la justice. Je ne voudrais, en aucune façon, faire
> tort ou déloyauté pas plus au faible qu'au puissant : il ne
> convient pas que nul ait à se plaindre de moi. Et je ne veux
> pas laisser tomber en désuétude la coutume et l'usage que ma
> lignée a toujours eu à cœur de maintenir. Vous devriez être
> affligés, si je cherchais à établir une autre coutume et d'autres
> lois que celles qu'observait mon père. Je veux garder et main-
> tenir, quoi qu'il m'en doive advenir, la tradition de mon père
> Pandragon, qui était roi et empereur. Dites-moi donc tout ce
> que vous désirez, et que nul n'hésite à parler franc.

Près de cet empereur d'exception, un évêque d'exception : Turpin;
dans la réalité, il était évêque de Reims, et n'a pas marqué l'histoire de son empreinte; on lui a attribué, sans doute à tort, la
Chronique des prouesses et faits d'armes de Charlemagne. On
comparera le curieux Turpin de Vigny avec celui de la *Chanson.*
Turpin, dans la légende, est un des douze pairs; ce côté religieux
guerrier peut surprendre, bien que dans toute l'épopée nous ayons
ce que Bédier appelle un « harmonieux et indissoluble entrelace-
ment de thèmes chevaleresques et de thèmes religieux ». Le clergé
a été souvent guerrier au Moyen Age, pour garantir ses bénéfices
au départ, nous dit Gaillard dans son *Histoire de Charlemagne*
(1782) :

> Après Charles Martel, les ecclésiastiques, persuadés qu'une
> nation presque uniquement guerrière, et pour qui combattre
> était gouverner, les regardait comme des hommes inutiles à
> l'Etat, parce qu'ils ne portaient point d'armes, crurent que le
> moyen de s'assurer leurs bénéfices, et d'empêcher qu'on ne les
> donnât à des laïcs, était de ne point laisser à ceux-ci l'avan-
> tage de servir seuls l'Etat, de la seule manière dont il voulait
> être servi; ils prirent donc le parti des armes, les évêques et
> les abbés suivirent le prince à la guerre, à la tête de leurs
> vassaux; le reste du clergé les imita. C'était d'abord une
> affaire d'intérêt et de politique; ce fut bientôt une affaire

d'honneur. On peut croire qu'avec la valeur des soldats ces nouveaux guerriers en prirent aussi les mœurs et les usages : on ne distinguait plus, même de l'extérieur, un ecclésiastique d'un laïc ; [...] Les églises furent abandonnées, l'instruction, le culte, la prière, tout cessa ; les fidèles, livrés à la plus grossière ignorance, ne connurent plus que la superstition, et peut-être alors le culte des images fut-il de leur part une véritable idolâtrie. Sous Pépin le Bref, et encore plus sous Charlemagne, prince trop ami de la guerre, mais qui concevait cependant qu'il pouvait y avoir une autre gloire que celle des armes, et que l'homme était né pour vivre sous l'empire des lois et non sous celui de la violence, l'ordre se rétablit insensiblement et le clergé connut ses véritables devoirs. [...] Plusieurs ecclésiastiques commencèrent à désirer être dispensés du service militaire ; le préjugé de l'honneur les y attachait encore, mais il était combattu par des raisons si fortes de décence et d'honnêteté qu'il ne pouvait qu'aller toujours en s'affaiblissant. Cependant, ils avaient besoin d'être aidés par le gouvernement, et surtout d'être rassurés par lui sur la crainte que les bénéfices ne fussent donnés aux laïcs militaires. Un capitulaire fait dans une assemblée de Worms, on ne sait précisément en quelle année, parut remplir ce double objet, et Charlemagne eut la satisfaction d'exaucer le vœu national, exprimé par une requête [...] : « Nous demandons, à genoux, à Votre Majesté, que les évêques soient dispensés désormais d'aller à la guerre. Quand nous marcherons avec vous contre l'ennemi, qu'ils restent dans leurs diocèses, occupés à leur sacré ministère. [...] Ils nous aideront plus par leurs prières que par l'épée, levant les mains au ciel, à l'exemple de Moïse. Nous ne voulons point permettre qu'ils viennent avec nous, et nous demandons la même chose à l'égard des autres prêtres. » Charlemagne commence son règlement par ces mots : « Voulant nous corriger nous-même et donner l'exemple à nos successeurs, nous ordonnons qu'aucun prêtre n'aille à l'armée, excepté ceux qui seront nécessaires pour dire la messe et administrer aux guerriers les secours spirituels. » Il interdit, même à ceux-ci, le port et l'usage des armes. Il assure que les peuples et les rois qui ont permis aux prêtres de combattre avec eux, n'ont point réussi dans les guerres.

{ Turpin obéit-il à ce capitulaire ? En général, que pensez-vous
{ du sentiment religieux dans la *Chanson ?* A quel niveau se
{ situe leur foi ? (A moins qu'il ne faille parler de croyances ?)

Roland, comme Turpin, est un personnage historiquement peu connu ; on doute même de son existence, et de toute façon il n'était pas le neveu de Charlemagne ; cependant, cette croyance est accréditée dans toutes les chansons de geste, notamment celles qui constituent le cycle de Charlemagne. Dans la *Chanson d'Aspremont,* Roland nous est présenté ainsi :

> Voilà qu'un valet est descendu au perron ; avec lui sont trente damoiseaux, de très gente façon ; pas un seul n'a de moustaches, ni de barbe au menton ; chacun d'eux est vêtu de draps de soie, de manteaux vermeils ; le valet porte une pelisse d'hermine, des heuses d'Afrique, des éperons d'or ; son corps est bel et droit ; il a une mine de baron, et le regard plus fier que léopard et lion ; il est bien formé et de belle façon. Il est venu au palais, descend le perron, monte les degrés, lui et ses compagnons, et ne s'arrête que quand il est devant Charlemagne. Il le salue de Dieu qui souffrit passion, et Charlemagne de lui répondre tout aussitôt : « Ami, que Dieu te garde, qui fut notre rançon. D'où es-tu, de quelle terre, et comment te nommes-tu ? — Sire, dit le valet, on m'appelle Roland ; je suis né en Bretagne, tout droit à Saint-Fagon ; je suis le fils de votre sœur et du bon duc d'Anjou qu'on appelle Milon. »

Roland est un personnage que l'on retrouve au cours des siècles dans toutes les littératures : le *Morgante* de Pulci, burlesque ; le *Roland amoureux* de Boiardo ; et surtout le *Roland furieux* de l'Arioste.

> { On essaiera de définir l'idéal chevaleresque, d'après les héros
> { principaux de *la Chanson de Roland :* en quoi diffère-t-il de
> { celui du chevalier courtois, tel Lancelot et tous ceux de la
> { Table ronde ?

3. PEINTURE DES SENTIMENTS : L'AMITIÉ

Dès le xe siècle, et même avant, les deux noms d'Olivier et de Roland sont indissociables : des enfants, des villes sont placés sous leur double protection ; *la Chanson de Roland* les avait faits amis, les chansons de geste suivantes vont parachever cette amitié en la décrivant depuis ces débuts. Roland et Olivier se trouvent pour la première fois en présence dans *Girard de Viane,* lors de leur fameux combat devant Vienne, dans une île du Rhône. Voici comment les décrit Victor Hugo dans *le Mariage de Roland :*

> Qui, cette nuit, eût vu s'habiller ces barons,
> Avant que la visière eût dérobé leurs fronts,
> Eût vu deux pages blonds, roses comme des filles.
> Hier, c'étaient deux enfants riant à leur famille,
> Beaux, charmants ; aujourd'hui, sur ce fatal terrain,
> C'est le duel effrayant de deux spectres d'airain...
> L'un s'appelle Olivier et l'autre a nom Roland.

C'est à la fin de ce duel qu'ils se font part de leur amitié naissante ; dans *Girard de Viane* :

Roland parle : « Sire Olivier, je vous assure en toute loyauté, que je vous aime plus que tout homme, mis à part Charlemagne, le roi. Puisque Dieu veut que nous nous accordions, je n'aurai jamais ni chastel, ni cité, ni bois, ni ville... que vous ne partagiez, par la foi que je dois à Dieu. Et je prendrai Aude, si vous le voulez bien. » Olivier répond : « La même chose, Sire Roland ; je ne veux pas vous cacher que je vous aime beaucoup ; je vous donne volontiers ma sœur. » Et ils enlevèrent leur heaume pour s'embrasser.

On déterminera les caractères de cette amitié en étudiant et ce texte et *la Chanson de Roland* (laisses 146 à 151) ; on comparera ensuite avec les textes suivants, qui illustrent d'autres amitiés célèbres, ou bien qui donnent l'opinion d'auteurs de diverses époques sur ce sujet.

En premier, la plus connue des amitiés antiques est celle d'Achille et de Patrocle : dans *l'Iliade,* voici l'attitude d'Achille apprenant la mort de Patrocle :

Achille poussait des sanglots terribles, et sa vénérable mère l'entendit [...] : « Mon enfant, pourquoi pleures-tu ? Quelle douleur envahit ton âme ? » Et Achille aux pieds rapides, avec de profonds soupirs, lui répondit : « [...] Mon cher compagnon Patrocle est mort, lui que j'honorais entre tous autant que moi-même. Je l'ai perdu. [...] Maintenant, une douleur éternelle emplira ton âme à cause de la mort de ton fils, que tu ne verras plus revenir dans tes demeures ; car je ne veux plus vivre, ni m'inquiéter des hommes, à moins que Hector, percé de ma lance, ne rende l'âme, et que Patrocle, livré en pâture aux chiens, ne soit vengé. »

N'y a-t-il pas dans cette scène de nombreuses similitudes avec certains passages de la *Chanson* (voir en particulier la laisse 151) ?

Dans *Erec et Enide,* roman de Chrétien de Troyes, du XIIIᵉ siècle, un chevalier, vaincu par Erec en duel, lui demande son amitié ; ami ou vassal ?

J'ai nom Guivret le Petit ; je suis riche et puissant : il n'y a pas de baron établi sur les marches de ma terre, dans toutes les directions, qui cherche à rejeter mon autorité, et qui ne fasse ma volonté. Je n'ai pas de voisin qui ne me craigne, tant soit-il orgueilleux ou fier. Je voudrais bien être désormais votre allié et votre ami. [...] Sire, fait-il, je vous promets que tant que je vivrai, chaque fois que vous aurez besoin de mon aide, j'irai aussitôt vous secourir avec tous les gens que je pourrai assembler. — Je n'ai rien de plus à vous demander,

fait Erec, c'est déjà beaucoup promettre. Vous êtes mon seigneur, et mon ami, si vos actes répondent à vos paroles. »
Ils s'embrassent l'un l'autre, et échangent des baisers. Jamais
bataille ne se termina par une si affectueuse séparation.

Quand Rutebeuf, dans *la Complainte Rutebeuf,* se plaint des
misères qui lui sont advenues, il s'appesantit surtout sur ses amis
disparus :

> Les maux ne savent seuls venir,
> Cela m'était à advenir,
> C'est advenu.
> Que sont mes amis devenus,
> Que j'avais de si près tenus
> Et tant aimés ?
> Je crois qu'ils sont trop clairsemés,
> Ils ne furent pas bien fumés :
> N'ont pas levé.
> De tels amis m'ont bien trahi
> Car tant que Dieu m'a assailli
> En maint côté,
> N'en vis un seul en ma maison.
> Le vent, je crois, me les a pris.
> L'amour est morte.
> Ce sont amis que vent emporte.
> Le vent soufflait devant ma porte ;
> Les emporta.

Cette ironie sur soi-même, cette façon de traiter le sujet
presque à la légère ne font-elles pas ressortir plus vivement
la détresse du poète ?

Cette amitié, pleurée par Rutebeuf, est chantée par La Fontaine
dans la fable *les Deux Amis;* c'est le réconfort suprême :

> Qu'un ami véritable est une douce chose !
> Il cherche vos besoins au fond de votre cœur ;
> Il vous épargne la pudeur
> De les lui découvrir vous-même ;
> Un songe, un rien, tout lui fait peur
> Quand il s'agit de ce qu'il aime.

Pour Plutarque, la véritable amitié

est une vie à deux, et non en troupeau ou en volière.
Dire d'un ami qu'il est « un autre soi-même », et l'appeler ainsi, n'est-ce pas signifier que le nombre deux est
la règle en amitié ? [...] Pour moi, cependant, je ne pense
pas que l'on doive s'en tenir à un seul ami, mais il faut
que, parmi nos amis, il y en ait un qui soit particulièrement
aimé et préféré, et avec qui l'on ait eu le temps de manger le
boisseau de sel dont parle le proverbe. La véritable amitié
exige trois conditions principales : la vertu, pour que l'amitié

soit belle ; la constance pour qu'elle soit agréable ; l'utilité, pour qu'elle soit nécessaire. Il faut bien choisir et examiner un ami avant de l'admettre pour tel, puis, être heureux de se trouver avec lui, et enfin d'accepter ses services lorsqu'on en a besoin. Mais le plus important, c'est d'abord le choix. Crois-tu qu'il soit possible d'éprouver en un instant la valeur de danseurs qui doivent évoluer ensemble, ou de rameurs qui s'embarqueront sur un même navire, ou de serviteurs qui géreront tes biens, ou de précepteurs à qui tu veux confier tes enfants, et, à plus forte raison celle de nombreux amis dont tu attends qu'ils affrontent avec toi les dangers de la vie, chacun d'eux « s'exposant lui-même avec courage, et supportant les coups du sort sans une plainte ». Non : ni les tempêtes qui peuvent assaillir un vaisseau que l'on met à la mer, ni les menaces dont on veut protéger les champs en les entourant de clôtures et les ports en élevant des digues, ne sont rien à côté de tous les périls contre lesquels l'amitié nous promet refuge et assistance, quand du moins elle a été bien et sûrement éprouvée.

Tous ces caractères énumérés ci-dessus, les retrouve-t-on dans l'amitié de Roland pour Olivier, et celle, bien différente d'Olivier pour Roland ? Peut-on parler, pour eux, d'amitié « sur estime » ou d'amitié « coup de foudre » ? Pour répondre à cette dernière question, étudier les textes suivants, où La Boétie, puis Montaigne, parlent de leur amitié.

Le premier écrit, parlant en général :

L'amitié est un nom sacré ; c'est une chose sainte ; elle ne se met jamais qu'entre gens de bien, ne se prend que par une mutuelle estime ; elle s'entretient non tant par un bienfait que par la bonne vie. Ce qui rend un ami assuré de l'autre, c'est la connaissance qu'il a de son intégrité. Les répondants qu'il a, c'est son bon naturel, la foi et la constance. Il ne peut pas y avoir d'amitié là où est la cruauté, là où est la déloyauté, là où est l'injustice.

Le ton de Montaigne est plus personnel, quand il écrit, après la mort de La Boétie, ce passage :

Ce que nous appelons ordinairement amis et amitié, ce ne sont qu'accointances et familiarités, nouées par quelque occasion ou commodité, par le moyen de laquelle nos âmes s'entretiennent. En l'amitié de quoi je parle, elles se mêlent et confondent.

4. EXPRESSION DE LA DOULEUR

Après les batailles (voir la Documentation thématique dans *la Chanson de Roland*, t. II), c'est la description de la douleur qui tient la plus grande place dans les épopées et autres chansons de geste, parallèlement à l'amour, l'amitié et la mort. Très vite, l'éloge funèbre proprement dit est devenu un genre littéraire figé, devant obéir à certaines règles ; d'où une suite de formules qui reviennent très souvent dans *la Chanson de Roland,* par exemple, et qui cachent un peu la sensibilité et la chaleur humaine. Ainsi, Charlemagne pleure son neveu Roland :

> O mon doux neveu ! dextre bras de ma puissance, honneur de la France, épée de justice, prouesse comparée à Judas Macchabée, semblable à Samson le fort, à Saül et à Jonas comparé par fortune de mort ; en bataille, chevalier très sage et très aimé, défenseur des chrétiens, détruiseur de la gent sarrasine, lignée royale, garde et conduite des osts et des batailles, défenseur des veuves et des orphelins, sage en jugement, pourquoi ne suis-je mort avec toi ? Tous les jours de ma vie me conviendra pleurer l'âme de toi, bien qu'elle soit avec les anges, en la compagnie des saints martyrs.

> Mais la description de la douleur, que nous appellerons « non officielle », ne nous propose-t-elle pas les accents les plus beaux, les cris les plus pathétiques de la littérature médiévale ? Pour pouvoir l'étudier comparativement, nous avons réuni une série de textes de l'Antiquité et du Moyen Age sur ce problème, qui offrent sensiblement les mêmes caractères ; il sera intéressant, enfin, de voir ce sujet traité par des « modernes ».

Dans *la Chanson de Roland,* voir les laisses 203 à 213.

Dans *l'Iliade,* Achille pleure la mort de Patrocle, tué par Hector :

> La noire nuée de la douleur enveloppa Achille, et il saisit de ses deux mains la poussière du foyer, et la répandit sur sa tête ; et il en souilla sa belle face ; et la noire poussière souilla sa tunique nektatéenne ; et, lui-même étendu tout entier dans la poussière, gisait, et des deux mains, arracha sa chevelure ; et les femmes que lui et Patrocle avaient prises, hurlaient, violemment, affligées dans leur cœur ; et, toutes, hors des tentes, entouraient le belliqueux Achille, et elles se frappaient la poitrine, et leurs genoux étaient rompus. Antiklos aussi gémissait, répandant des larmes, et tenait les mains d'Achille qui sanglotait dans son noble cœur, et le nestoride craignait qu'il se tranchât la gorge avec l'airain.

Et plus loin, c'est le peuple troyen qui voit revenir Priam avec le corps d'Hector :

> Nul, parmi les hommes et les femmes, ne resta dans la ville, tant un deuil irrésistible les entraînait tous. Et ils coururent, au-delà des portes, au-devant du cadavre. Et, les premières, l'épouse bien-aimée et la mère vénérable, arrachant leurs cheveux, se jetèrent sur le char en embrassant la tête d'Hector. Et tout autour la foule pleurait ; et certes tout le jour, jusqu'à

la chute de Hélios, ils eussent gémi et pleuré devant les portes. [...] Andromaque parle alors : « Ô Hector ! tu accables tes parents d'un deuil inconsolable, et tu me laisses surtout en proie à d'affreuses douleurs, car, en mourant, tu ne m'auras pas tendu les bras de ton lit, et tu ne m'auras point dit quelque sage parole dont je puisse me souvenir, les jours et les nuits, en versant des larmes. »

Dans la *Kaiserchronik*, Charlemagne, après la bataille de Roncevaux, laisse percer sa tristesse : « Pleurant à chaudes larmes, il s'accusa de ses péchés. Il dit : « Seigneur Dieu, grâce maintenant « pour ma pauvre âme ; retire mon corps du monde, afin que le « peuple ne m'humilie pas de ses reproches. Jamais plus je ne « serai joyeux. » Cette attitude de l'empereur est reprise par Victor Hugo dans *Aymerillot* :

Charlemagne, empereur à la barbe fleurie,
Revient d'Espagne ; il a le cœur triste, il s'écrie :
— Roncevaux ! Roncevaux ! ô traître Ganelon !
Car son neveu Roland est mort dans ce vallon
Avec les douze pairs et toute son armée.
Le laboureur des monts qui vit sous la ramée
Est rentré chez lui, grave et calme, avec son chien ;
Il a baisé sa femme au front et dit : C'est bien.
Il a lavé sa trompe et son arc aux fontaines ;
Et les os des héros blanchissent dans les plaines.
Le bon roi Charles est plein de douleur et d'ennui ;
Son cheval syrien est triste comme lui.
Il pleure ; l'empereur pleure de la souffrance
D'avoir perdu ses preux, ses douze pairs de France,
Ses meilleurs chevaliers qui n'étaient jamais las,
Et son neveu Roland, et la bataille, hélas !
Et surtout de songer, lui, vainqueur des Espagnes,
Qu'on fera des chansons dans toutes ces montagnes
Sur ses guerriers tombés devant des paysans,
Et qu'on en parlera plus de quatre cents ans !

Dans le *Roman de Renart*, Renart a tué Dame Copette, et ses sœurs viennent demander justice à Noble, le roi :

« Le Roi, las des plaidoiries, allait congédier l'Assemblée, quand entrèrent les dolentes et Chanteclerc battant violemment ses paumes. Dame Pinte eut la force de parler la première : « Ah ! pour Dieu, mes seigneurs, chiens et loups, nobles et gentilles bêtes, ne repoussez pas d'innocentes victimes. Maudite soit l'heure de notre naissance ! Ô mort, viens nous saisir, avant que nous tombions sous la dent cruelle de Renart ! J'avais cinq frères de père, Renart les a tous dévorés, ce fut grant perte et grant douleur. J'avais quatre sœurs de mère, tant poules vierges que jeunes dames, toutes gelines d'une beauté accomplie; [...] Renart de toutes n'en épargna qu'une seule, les autres passèrent par son gosier. Et vous, ma douce Cope, couchée dans cette bière, chère et malheureuse amie, qui pourra dire combien vous étiez grasse et tendre? Et que deviendra votre sœur dolente et éplorée? Ah! Renart! puisse le feu d'enfer te dévorer! Combien de fois nous as-tu chassées, effrayées, dispersées? combien de robes nous as-tu déchirées? combien de fois as-tu franchi de nuit notre enceinte? Ce fut hier, près de la porte, que tu laissas ma sœur étendue, sans vie. Tu pris la fuite, en entendant les pas de Gombert. [...] Voilà pourquoi nous venons à vous; tout espoir de vengeance nous étant enlevé, c'est de vous seuls, nobles seigneurs, que nous attendons justice. » Après ces paroles souvent interrompues par des sanglots, Pinte tomba pâmée sur les dalles de la salle, et ses trois compagnes en même temps qu'elle.

Quels sont les « symptômes » communs à toutes ces douleurs? On approfondira l'étude de ces textes en insistant sur la description de l'expression de la douleur. En quoi peut-on dire que la simplicité et la spontanéité sont un apanage de la poésie médiévale?

TABLE DES MATIÈRES

Illustration de la couverture : Chapiteau de colonne de l'église Notre-Dame-du-Port, à Clermont-Ferrand. Les deux guerriers représentés ici sont revêtus du haubert. Leur enseigne est fixée sur la lance, le casque ne comporte pas le nasal dont il est question dans *la Chanson de Roland.*

IMPRIMERIE HÉRISSEY. — 27000 - ÉVREUX.
Octobre 1972. — Dépôt légal 1972-4e. — No 26040. — No de série Éditeur 10155.
IMPRIMÉ EN FRANCE *(Printed in France).* — 34 185 Y-8-80.

les dictionnaires Larousse

sont constamment tenus à jour :

NOUVEAU PETIT LAROUSSE

Le seul dictionnaire encyclopédique mis à jour tous les ans, aussi bien dans la partie « vocabulaire » que dans la partie « lettres, arts, sciences ». L'auxiliaire indispensable de l'écolier, du lycéen et de l'étudiant, dans toutes les disciplines.
1 896 pages (15 × 21 cm), 5 535 illustrations et 215 cartes en noir, 56 pages en couleurs dont 26 hors-texte cartographiques, atlas.
Existe également en édition grand format (18 × 24 cm), mise en pages spéciale, illustré en couleurs à chaque page : **NOUVEAU PETIT LAROUSSE EN COULEURS.**

LAROUSSE CLASSIQUE

Le dictionnaire du baccalauréat, de la 6e à l'examen : sens moderne et classique des mots, tableaux de révision, cartes historiques, etc. 1 290 pages (14 × 20 cm), 53 tableaux historiques, 153 planches en noir, 48 h.-t. et 64 cartes en noir et en couleurs.

NOUVEAU LAROUSSE UNIVERSEL
en deux volumes

A la fois dictionnaire du langage (mots nouveaux, prononciation, étymologie, niveaux de langue, remarques grammaticales, tableaux de conjugaison,...) et encyclopédie alphabétique complète et à jour. 1 800 pages (23 × 30 cm), 5 000 photographies, dessins et cartes, 198 pages de hors-texte en couleurs.

LAROUSSE 3 VOLUMES EN COULEURS

retenu parmi les « 50 meilleurs livres de l'année ».
Le premier grand dictionnaire encyclopédique illustré en 4 couleurs à chaque page, qui fera date par la nouveauté de sa conception. Reliure verte ou rouge au choix (23 × 30 cm), 3 300 pages, 400 tableaux, 400 cartes.

en dix volumes + un supplément (21 × 27 cm)
GRAND LAROUSSE ENCYCLOPÉDIQUE

Dans l'ordre alphabétique, toute la langue française, toutes les connaissances humaines. 11 264 pages, 450 000 acceptions, 34 524 illustrations et cartes en noir, 346 hors-texte en couleurs.